新时期
大学生人生观
教育探索

刘 森/著

中国水利水电出版社
www.waterpub.com.cn

内 容 提 要

当前的大学生正处于人生观形成的重要时期,具有很大的可塑性。因此,能否树立正确的人生观,将决定大学生最终会走向何种人生道路。大学生在校期间是学习专业技术和学会做人的最好时机,学校的思想政治工作应该采用多种形式的教育方式对大学生的人生观进行正确的引导,用马克思主义基本理论和社会主义核心价值体系教育他们,引导他们树立正确的人生观,打好为人民服务的思想基础。

图书在版编目(CIP)数据

新时期大学生人生观教育探索/刘森著. —北京:
中国水利水电出版社,2014.9 (2022.9重印)
ISBN 978-7-5170-2512-2

Ⅰ.①新… Ⅱ.①刘… Ⅲ.①大学生－人生观－教育
工作－研究－中国 Ⅳ.①G641.2

中国版本图书馆 CIP 数据核字(2014)第 215004 号

策划编辑:杨庆川 责任编辑:杨元泓 封面设计:马静静

书 名	新时期大学生人生观教育探索
作 者	刘 森 著
出版发行	中国水利水电出版社
	(北京市海淀区玉渊潭南路 1 号 D 座 100038)
	网址:www.waterpub.com.cn
	E-mail:mchannel@263.net(万水)
	sales@mwr.gov.cn
	电话:(010)68545888(营销中心)、82562819(万水)
经 售	北京科水图书销售有限公司
	电话:(010)63202643、68545874
	全国各地新华书店和相关出版物销售网点
排 版	北京鑫海胜蓝数码科技有限公司
印 刷	天津光之彩印刷有限公司
规 格	170mm×240mm 16 开本 11.25 印张 202 千字
版 次	2015年4月第1版 2022年9月第2次印刷
印 数	3001-4001册
定 价	38.00 元

前言

　　21世纪的大学生的人生观出现了明显的多元化趋势,这对他们自身的发展产生了正面或是负面的影响。传统的一元性的思想政治教育受到了大学生人生观多元性的挑战,在这种情况下,大学生人生观现状与教育问题不仅以崭新的内涵受到当代大学生的关注,而且也成为思想政治教育工作者不断追踪研究的热点问题。

　　人生观是一个人的精神支柱,对人们的生活、思想道德、意识形态、政治观点等有决定性的影响。正确的人生观指导人生的正确发展方向,创造有益于社会的人生价值。错误的人生观,使人们走上错误的道路,毁了自己的一生。

　　正确的人生观,就是人们在处理国家、集体和个人的利益关系时,把社会和人民的利益置于个人利益之上。在保证集体利益的前提下,实现个人利益与社会利益相结合。当社会利益与个人利益发生矛盾时,个人利益要服从集体利益,必要时牺牲个人的利益。毛泽东同志在《纪念白求恩》一文中指出:"我们大家要学习他毫无自私自利之心的精神,从这点出发,就可以变为有利于人民的人,一个人能力有大小,但只要有点精神就是一个高尚的人,一个纯粹的人,一个有道德的人,一个脱离低级趣味的人,一个有益于人民的人。"这是一种高尚的革命人生观。

　　大学生正处在人生观形成的重要时期,可塑性很大,能否确立正确的人生观,将决定大学生能否走上正确的人生道路。大学生在校期间,是学习专业技术和学会做人的最好时机,学校的思想政治工作,要采取各种形式,对他们进行正确的人生观的教育,用马克思主义基本理论和社会主义核心价值体系教育他们,引导他们树立正确的人生观,打好为人民服务的思想基础。

　　本书共分为六章。第一章为人生与人生观,主要是对人生和人生观这两个概念作了介绍,明确了概念的内涵;第二章主要论述了大学生人生观教育的理论基础和现状,同时还提出了当前大学生人生观教育所面临的挑战;第三章主要论述了人生观教育所包含的主要内容,并分别对大学生爱国主义、理想信念、生命观、职业观、审美观、诚信观等方面的教育进行了论述;第四章论述了大学生人生观教育的重要载体和途径,主要包括课堂教学、校园文化、组织建设、社会实践、家庭教育等方面;第五章主要论述了人生观教育队伍建设,其中重点对建立优秀的理论课教师队伍和推动专业教师队伍参与到人生观教育中进行了详细论述;第六章也是最后一章,主要是对大学生人生观教育的评价探索,其中重点论述了对大学生人生观教育评价原则和方法的探索。

大学生肩负着中华民族的伟大复兴和建设中国特色社会主义事业的重任。祖国和人民期望大学生能够树立正确的人生观,把国家和人民的根本利益放在个人利益之上。把个人的抱负和理想融入建设中国特色社会主义共同理想之中,做一个对人类社会有贡献的人,不辜负祖国和人民的培养和希望。这也是本书写作的一个重要目的。

本书在写作过程中借鉴了很多专家学者的著作和论文等,在这里表示诚挚的感谢。由于各种主客观条件的局限,本书可能会存在一些漏洞或是不足之处,希望广大读者可以给予批评指正,以便使本书更加完善。

作者
2014 年 6 月

目 录

第一章 人生与人生观 …………………………………………………… 1

    第一节 人生的内容与特点 ……………………………………… 1

    第二节 人生观的内涵 …………………………………………… 8

    第三节 中西方人生观的理论比较 ……………………………… 18

第二章 大学生人生观教育的理论基础与现状 ………………… 29

    第一节 科学人生观的理论基础 ………………………………… 29

    第二节 大学生人生观教育现状与原理分析 …………………… 40

    第三节 当前大学生人生观教育面临的挑战 …………………… 47

第三章 人生观教育的重要内容 ……………………………………… 54

    第一节 爱国主义教育 …………………………………………… 54

    第二节 理想信念教育 …………………………………………… 57

    第三节 生命观教育 ……………………………………………… 63

    第四节 职业观教育 ……………………………………………… 67

    第五节 审美观教育 ……………………………………………… 72

    第六节 诚信教育 ………………………………………………… 78

第四章 人生观教育的重要载体和途径 …………………………… 87

    第一节 课堂教学 ………………………………………………… 87

    第二节 校园文化 ………………………………………………… 93

    第三节 组织建设 ………………………………………………… 99

    第四节 社会实践 ………………………………………………… 105

    第五节 家庭教育 ………………………………………………… 114

第五章 人生观教育队伍建设 ………………………………………… 121

    第一节 建设优秀的理论课教师队伍 …………………………… 121

    第二节 推动专业教师队伍参与到人生观教育中 ……………… 131

第六章 人生观教育评价探索……………………………………… 146

    第一节 人生观教育评价原则………………………………… 146

    第二节 人生观教育评价方法………………………………… 158

参考文献…………………………………………………………… 173

第一章 人生与人生观

人生与人生观的话题,始终伴随着人类而存在。随着人类在外部世界中的规律把握得越来越全面,对自身也开始产生越来越多的疑问。因此,我们需要对我们人生的内涵进行剖析,同时,为了促进我们人生的不断进步和发展,也要对反映我们人生规律的科学的人生观进行探讨。

第一节 人生的内容与特点

人生是人的生命活动的展开,可以说是我们人类本质力量的对象化活动和具体化过程,因此它包含了丰富的内容,并且具有自身独特的特点。想要更好地生活,首先就要对人生的内容和特点加以了解。

一、人生的内容

在人类的生命活动中,各种各样的活动丰富着我们的生活,有工作也有休闲;有友情也有爱情;有理想也有奋斗。这些丰富的活动和景象构成了我们斑斓的人生内容。总体上来说,我们可以从两个相互联系的序列对人生内容进行简要的概括。

(一)第一序列

我们从第一序列将人生的内容概括为物质生活和精神生活两部分。将人生分为物质生活和精神生活是依据人的属性的不同方面以及由此产生的活动进行划分的。人的属性有自然属性和社会属性之分。所谓自然属性,就是指人作为自然中存在的生物所具有的形态、特征以及功能。而社会属性则是指人作为社会中的生物所具有的形态和特征。人拥有其自然属性而产生的思考、思维活动是别的自然生物所没有的,构成了人类的精神生活;而人拥有其社会属性而产生的社会活动则构成了人类的物质生活。

1.物质生活

物质生活是人类为了生存和发展所展开的物质生产、支配物质资料以及其他消费活动,主要包括人们生活中的衣、食、住、行等。

2.精神生活

精神生活是指人类为了生存和发展所进行的精神活动,包括精神生产以及精神享受等,具体的精神生活有:人生观、价值观、世界观的确立;理想的选择;对知识文化的追求等。

3.物质生活和精神生活的内在联系

物质生活和精神生活构成了我们的人生,它们互相之间也存在着密切的关系。首先,物质生活是精神生活的前提,没有物质生活,人类将没有开展精神生活的条件和基础;而精神生活是物质生活的升华,可以指导人类开展更好的物质生活。随着社会经济的发展,人们的生活水平将不断得到提高,在这样的环境中,人类的精神生活将越来越占据重要位置。

物质生活和精神生活在人类生活中占有的比重因人而异。对于生活水平较低的人来说,虽然他的精神生活相对贫乏,但是并不意味着他不能拥有丰富的精神生活;同理,一个物质生活相当丰富、生活水平很高的人不一定拥有充裕的精神生活。

(二)第二序列

我们从第二序列将人类生活分为生存、享受和创造发展三部分内容。这三部分内容的划分依据是人类需求的不同层次。一般来说,人类的需求总是由低向高发展的,在低级需求无法得到完全满足之前,人类很难要求高级需求。生存、享受和创造发展正是体现了人类需求的三个不同层次,是人生的基本内容。

1.生存

生存这一需求是人类为了保存生命、延续后代而产生的需要。生存需求是人类最原始、最基本的需求。人作为自然体生活在世界上,为了保存生命,就必须要获得维持生命最基本的食物、睡眠以及住所,而为了延续后代,人类还需要进行婚配等,这些都是人类的生存需求。人类的生存需求所获得的生活资料和生存条件是人类开展其他一切活动的基本前提,离开了这种需求,人类所有的活动都无从谈起。

生存这一需求作为人类最基本的需求,与自然界其他动物的需求有着区别和相同处。首先,从相同点来说,为了维持基本生活,也是出于对生存条件依赖的“本能”,人类和动物一样会自觉地获取生活资料。其次,两者之间还是存在很大区别的,人类对客观事物具有主观选择性,可以选择能给人类生活带来帮助的物品、资料和条件,可以对环境进行主动改造。除此之外,人类的生存不仅是为了活着,人类还有对精神世界的追求和向往,除了必要的物质条件之外,人类还需要丰富的精神支撑。而动物的生存只是为了"活着",它们只能被动地接受自然界赋予它们的生命以及给予它们的物品,被动地适应自然环境,无法对自然改造。

2. 享受

人类对于享受的需求是建立在一定的生存条件基础之上的,是对物质生活和精神生活的更高一个层次的追求。享受作为人类生活的基本内容之一,是将人类和动物区分开来的重要标志。人在发展进步中不断对客体进行着改造,不断对自己的生活领域进行着拓宽,在这个过程中,人类就会对生活产生新的要求,这种要求就是享受,而正是这种新的要求促进并推动了整个社会不断地向前发展。

享受作为人类生活的基本内容之一,其"质"和"量"也在不断地发生着改变。对于生活水平不高的人们来说,满足温饱是他们的生存需求,而当温饱得到满足之后,穿得更漂亮、吃得更好成为了他们新的生活需求,也就是享受的需求。而随着社会生产力的发展和生活水平的提高,人类的享受需求也上升到了新的高度,人们开始追求精神的愉悦而不只是生存的精神支柱,比如欣赏美丽的画作、聆听美妙的音乐等。

当然,在享受需求不断发展的过程中,它始终保持着一个"度",这个"度"和两方面因素存在着密不可分的关系。一是当时的社会生产力和人们的消费水平,社会生产力和人们的消费水平越高,那么人类对于享受的需求也就越多;二是物质享受和精神享受二者之间的关系,人们对于精神享受的需求会随着人们对于物质享受需求的提升而增加。

3. 创造发展

人类对于创造发展的需求是指在人类的生命过程中,人们产生的对于自身价值由浅及深、由幼稚到成熟的不断表现和完善的过程的需求。"发展"是指事物从小到大、从简单到复杂、从低级到高级的变化过程,将"发展"这个词运用到人生中,并与"创造"相结合,就是指人类生活的内在动力。创造发展需求作为人类生活的基本内容之一,同样是将人类和动物区分开来的重要标志。

人生的意义不只生存和享受,创造和发展是更重要的。而为了实现人类的创造和发展,就需要一定的社会生产力和生活水平作为基础条件,需要人类能对现实社会具有全面而正确的把握。

创造发展作为一项基本的人生内容,其内涵非常丰富,首先,创造和发展意味着人类主动地对外部世界进行认识和改造,将外部世界由必然改变为自由;其次,创造和发展意味着人类在认识和改造世界的过程中对自我的不断完善。在这样的改造中,人类自身的精神素质、生理素质以及心理素质都将得到全面的提升。

创造发展作为一项基本的人生内容,存在着个人发展和社会发展两个问题,并且两者之间的关系也是创造发展的重点研究问题。所谓个人发展,是指个人充分认识自我并对自身的体力、智力、能力提出的要求及产生的活动。而社会发展是指包括政治、经济、文化、国防等在内的多方面的发展。个人发展为社会发展提供了基础和前提,而社会发展又在一定程度上制约着个人发展的方向和程度。

人生基本内容的两个序列是相互渗透的,而不是相互分离的。如果我们认为第一序列侧重于从人与现实世界的关系上对人生的内容进行定义,是外显的;那么第二序列就是从人的内容需求角度对人类生活进行定位,就是内隐的。

二、人生的特点

人生的特点基本表现在主体性和社会性两个方面。

(一)人生的主体性

所谓主体性,是指主体作用于客体活动中得到发展并在这一活动中表现出来的自觉能动性。这里的"自觉"是指主体对于自身活动目的、结果具有预知能力以及对于客体活动的条件、规律的认识和掌握。这里的"能动性"包括主体对在实现目标过程中采取的方式的选择以及对活动的多重目的及价值的追求。

1. 主体性同主体、主观性的区别

主体性和主体是两个完全不同的概念。主体是具有认识和改造世界能力的人,而主体性是指主体从自身的角度出发,按照自身的能力、需求和尺度对客体进行认知和改造的特性。

主体性和主观性同样是两个完全不同的概念。主观性是指主体在任何情况下都是从自身的角度出发来对待客体,而不管客体所处的状态。而主体性是指主体在对客体进行全面、正确的认知之后再通过自己的方式和手段对其进行改造。从形式上看,主体性表现为对客体认识与实践的统一;从内容上看,主体性反映了主体和客体两者的状态和性质,达到了主客体的统一。

2. 主体对人生把握的表现

将主体性问题运用到人生当中,表明人是能拥有自身并表达自己生活的主体,人可以把握自己的人生。人,作为一个主体,对人生的把握主要表现在两个方面。

（1）自主性

人对自己人生的把握首先表现在自主性上。自主性是指主体在进行活动时具有自我决定的能力和性质,可以不受到外在力量的控制,自由地支配自身的所有活动的能力和意志。主体的自主性主要表现在主体的独立意识上,也就是指主体对于自身有明确的自我认识,能对自己的行为负责。从人生的角度上来分析人的自主性,就是指人能自由选择自己生活的方式,灵活调节自身的生存、自我调节、自我控制、自我完善等能力。这些能力是人作为一个主体能够自主表现和实现自身的社会价值的内在力量,也是主体自主性的核心内容。

（2）创造性

创造性,就是超越性,是主体对于客体的超越,是主体利用客体创造出当下没有的东西的活动。创造性包含两层含义:首先,创造性表现为对外在事物的超越,也就是改造、改变外在事物,使新事物产生的主体能力;其次,创造性表现为对自我的超越,也就是在改造外在事物的活动和过程中使自身能力、素质各方面得到提高的主体能力。

3.研究主体性的三个问题

研究主体性问题,我们必须从以下三个角度和方面进行思考。

（1）主体性在本质上是集体主义

从本质上来说,主体性是集体主义,而非个人主义。从发生学的角度来看,人通过生产劳动获得生活资料形成了最初的主客体关系,在人获得生活资料的生产劳动中,凭借个人的力量是无法获得成果的,只有结成一定的组织、进行一定的分工,才能促进生产劳动的成形。因此,主体的特性从一开始便具有社会活动的集体性,主体不是以个人的形式,而是以集体的形式对客体施加活动的。因此,从本质上来说,主体性是集体主义。

（2）既要强调集体主体性,也不能忽略个人主体性

虽然从本质上来说,主体性是集体主义,而非个人主义。但是我们不能在强调集体主体性的同时忽略了个人主体性。因此,要实现集体的主体性,个人主体性是必要条件、基本前提;同时,如果我们从主体构成的角度来思考人的实践性作用,不难发现,个人在集体中的主体性也是存在差异的,不是所有集体中的个人的主体性都是一致的。因此,在强调集体主体性的本质的同时,我们也应当重视个人主体性的力量,促进其更好地在集体中发挥能量。

(3)弘扬主体性要坚持正确的价值导向

人的主体性,表现为"为我"的目的性。在当今社会,不同阶层、不同需求、不同立场的人拥有不同的"为我"目的,然而不是所有的目的都是正确的,有些"为我"的目的可能会导致不良的社会后果。因此,在注重人的主体性发挥的同时,一定要坚持正确的价值导向,开展以为人民服务为核心、以集体主义为原则的思想道德教育,帮助社会成员在正确的价值观引导下更好地发挥主体性。

(二)人生的社会性

人生的另一个特点表现为社会性。所谓社会性,是指在生命的进程中,人表现出来的不能与社会分离并且始终保持与社会的协调统一的特性。每一个人作为一个主体生活在社会中,虽然存在各自的特性,但是不能在社会之外表现个体的特性,而是只能在社会这个环境中体现出其独特性。人生的社会性是由人的本质的社会性决定的。

对于人生的社会性特点,我们可以从以下两个角度进行解读。

1.人生依赖着社会

首先,人生是依赖社会而发展的。社会是人类生存和发展的现实环境,并给人的生存和发展提供必要的一切资料和条件。人的衣、食、住、行都要靠社会供给,人进行主体活动所需要的资料来自社会,内容和方式也要以社会为前提条件,可以说,个人活动从本质上来说就是社会的活动。

这样看来,社会的发展状况、生产力水平以及社会制度等都为人类的生存和发展提供了既定的环境,并且人类会始终受制于社会。人生无法拒绝、逃避、否定社会,只能在社会的制约下展开与社会相协调的活动与工作。

社会对于人生的影响和制约表现在方方面面。社会生产力、社会关系等给人生提供了物质环境,在物质上影响并制约着人的人生;除此之外,社会的精神环境对人生的影响随着社会的进步越来越显著地表现出来,社会的精神环境给人们提供了精神生活的条件,塑造人的品格和心态,锻炼人的思维模式,培养人的道德情操,陶冶人的审美情趣,这些都是社会的精神环境对人生的影响和制约。

2.人生创造着社会

人生的进程就是在不断地认识世界、改造世界的过程中发展的,创造是人类的本质。因此,人生不仅依赖着社会而存在,并且在不断改造着社会。人在现实生活中总是以创造性的劳动推动社会的进程和人类的发展,他们从先人那里继承物质和精神财富并从中找到新的创造点,通过劳动对物质和精神进行改造和创新。

回顾历史,我们不难发现,社会的每一次重大进步都离不开人类的劳动和创造,在历史的进程中,人类总是根据自己的现实需要,采取劳动的方式获得需求的客体,从而对社会进行改造。无数人的人生选择和奋斗结合在一起构成了对社会的推动。

三、人生与人生观的本质联系

"人生"既是一个通俗的日常生活概念,就是指每个人每天都在经历的生活;同时也具有深奥的哲学内涵,是指人在生存过程中不仅对客观世界进行着改造,而且不断对生存的意义进行着探索。人生观,是指人们对人生问题的根本观点和态度。

人生与人生观是两个联系紧密的概念。人生观,首先是人对人生客观活动的反映;其次也对人生起到重要的引导作用,并且会随着社会的进步和人类的发展而不断发展。

对于人生与人生观的关系,我们可以从以下两个角度进行分析。

(一)人生观对于人生存在依存关系

人生观依赖人生而存在,现实人生是人生观形成、存在并发展的前提和基础。

1. 人生观来源于人生实践

人生观从哪来?人生观是怎样产生的?答案是实践。在不断的实践中,人类经过对人生问题的思考不断改变和更新着对人生问题的态度,实践是人生观形成和发展的基础和动力。

一般来说,一个人形成人生观,要经过大量的实践,在获得了丰富的人生阅历之后,遵循着从实践到认知、从感性认知到理性认知的过程,人生观才能形成。由于人们所处的现实环境不同,从事的职业和工作环境的区别,可以开展的实践活动也就不会一样。而由于人生观来源于实践,因此,每个个体在不同的实践活动中形成的人生观也是有区别的。而不同的人生观又会影响人们对于人生道路的选择和人生价值的实现方式。

2. 人生观表达着人生最高的社会需求

人们的社会生活包括各种各样复杂的活动,人们也会产生各种各样广泛的需求,在人生进程中,随着生理上的成熟,人类不再满足于日常生活的行为和思维模式,开始追求更深层次的目的。人们根据自己想要实现的目的,进行组织和策划,不断调节自己的生活节奏,使人生表现出更深层的、具有个体特点的人生意义。从这个角度上来看,人生观表达出了人生最高的社会需求。

（二）人生观指导和调节人生

人生观对于人类的生活还起到了指导和调节的作用。

1.人生观能动地指导人生实践

首先，人生观对人生实践起到能动的指导作用。人生观是社会意识，而人生是客观的社会存在，所有的社会意识都会对社会存在产生反作用，人生观和人生也同样如此。人在不断的实践活动中形成人生观，反过来，这种人生观就会对人生实践起到指导作用。人生观作为人生的精神支柱，会在人的一生中对生活方向以及人生道路起到决定性作用。

2.人生观能动地调节人生实践

人生观不仅能在人的一生中为人类的生活方向和人生道路指明方向，而且能具体地对人生的实践活动起到调节作用。在人生的实践过程中，往往要面对和处理各种各样的关系和矛盾，在这种情况下，人生观尤其是正确的人生观就能给人类正确地处理复杂的现实关系、调节各种矛盾和冲突提供建议。

人生总是伴随着顺境和逆境，科学的人生观能帮助人们从逆境中重新恢复自信、在顺境中不得意忘形。正是由于科学的人生观的能动调节，每个人的生活才能拥有自己的色彩。

第二节　人生观的内涵

人生观是人们对人生问题的态度和观点，是人们生活的概括和总结，人生观不仅反映了人类生活发展过程中的主要问题，而且对人们更好地认识人生、实践人生、完善自我都具有非常积极的意义。

一、人生观形成的现实基础及其研究

马克思主义的观点认为，人生观是人类所处的历史条件以及社会关系的产物，是来源于现实基础的，而非上帝创造的。

（一）人生观形成的现实基础

人生观形成的现实基础主要包括历史条件和社会关系两部分。

1. 历史条件

所谓历史条件,是指在社会历史活动中所有不以人的意志为转移的自然条件和社会条件的集合。历史条件包括社会物质生活条件;社会历史背景;政治制度;经济发展水平;精神文明水平以及文化发展状况等多方面。

2. 社会关系

社会关系是指在共同的社会活动和社会交往过程中,人们互相之间形成的以生产关系为基础的各种关系的总和。

历史条件和社会关系构成了人生观形成的现实基础。处于不同生活环境、从事不同职业的人们对于人生态度、人生目标以及人生价值等问题产生的不同态度和观点都源自于人们所处的社会关系以及所经历的历史条件。

历史条件和社会关系存在各自独有的逻辑。当人们处于某种特定的历史条件和社会关系之中时,他们的思想、感情和行为已经无法超脱这种特定的条件和关系而存在了,必然会受到这种特定的历史条件和社会关系的影响和制约。而当人们所处的历史条件和社会关系发生改变时,人们的思想、感情以及行为也会随之发生变化。

历史条件和社会关系又是复杂而具体的。不同的人,处于同一个历史时期和社会中;经历着的社会环境以及面对的自然条件可能存在巨大的差异。而这种差异就会对人们的人生观产生影响。

(二)人生观的结构

人生观是一种社会意识,它不仅有自身的内容,而且具有一定的结构。按照不同的划分标准,我们可以将人生观剖析为不同的结构。从人生观的主体的角度来看,人生观主要包括个体人生观和群体人生观;而从人生观的层次来看,可以分为经验人生观和理论人生观。

(三)对人生观形成的现实基础的研究

一定的历史条件和社会关系是形成人生观的现实基础,对现实基础的深层次研究对于当代人生观理论教育具有重要意义。

1. 有助于理性辨别人生观的优劣真伪

对人生观形成的现实基础进行研究,能帮助我们更好地理解和判断各种人生观的优劣真伪。在历史进程中的任何时候、任何社会,人们的人生观总是存在差别的,会有高层次的人生观和低层次的人生观之分。在阶级社会中,还存在着完全对立的不同的人生观。这些人生观究竟是对是错,是否具有真理性,对社会的发展是否可以起到促进作用?对这些问题的探讨,必须要以研究人生观形成的现实基础为依据。

按照历史唯物主义中关于社会存在决定社会意识的观点,人生观形成的现实基础决定了人生观的最终形成。多种人生观的存在是由于不同的现实基础造成的。我们从形成人生观的现实基础对这一观点进行剖析。在社会进程中的任一时段,社会关系都是非常复杂的,并且生产关系都不是单一不变的,而是多种生产关系并存的。这些并存的生产关系具有不同的性质,并且会对社会发展产生完全不同的作用。在这些生产关系中,会有一个成为社会发展的经济基础,而构建出社会基本的社会关系,而其他生产关系也会以自己的方式建构出自己的社会关系,这些社会关系在影响社会进步的同时,也在很大程度上影响着人生观的形成。

不同的社会关系导致不同人生观的形成。这些人生观有的激进,有的消沉;有的高尚,有的卑微。这些人生观都在一定程度上对人们的思想起着作用。判断人生观的优劣,不是要看这些人生观是多么华丽,而是要看这些人生观是否符合历史必然性。凡是符合历史必然性的、能为现实基础服务的人生观,就应当是进步的人生观、合理的人生观。

2. 有助于寻求科学的人生观

对形成人生观的现实基础进行研究,有助于我们寻求和倡导对社会发展可以起到推动作用的科学的人生观。马克思主义认为,不是人们的意识决定人们的存在,而是人们的存在决定人们的意识。[①] 因此,每个人生观的成立,都是建立在人们对现实生活的分析和研究的基础之上的。这种建立在一定现实基础之上的人生观"不应当在人们的头脑中,在人们对永恒的真理和正义的日益增进的认识中寻找,而是应当从生产方式和交换方式的转变中去寻找;不应当在有关的时代的哲学中寻找,而是应该在有关的时代的经济学中寻找。"[②]历史经验证明,只有从唯物史观的角度出发,对现实基础进行客观、合理的分析,从中总结出社会发展的规律以及社会矛盾的必然趋势,才能寻找出与之相适应的并能指导人们沿着社会发展的方向前进的科学发展观。

二、个体人生观与群体人生观

将人生观的结构分为个体人生观与群体人生观是从人生观的整体来考虑的。

---

① 马克思恩格斯选集(第2卷).北京:人民出版社,1995,第32页
② 马克思恩格斯选集(第3卷).北京:人们出版社,1995,第741页

(一)个体人生观

个体人生观是指每一个人类个体在特定的生长过程中,形成的对生活的目的、意义以及价值的看法和观点。每个个体拥有特定的生长环境和生长背景,并且会经历特有的生活,在这个过程中,个体会对人生产生不同的认知和理解,再加上每个人生活的时代和历史条件的差异,个体会形成完全不同的个性,从而形成完全不同的人生观。

个体人生观的形成和改变主要会受到两方面的影响和制约。

1. 社会客观环境的制约

个体人生观的形成和改变,会受到社会客观环境的制约和影响。这里所说的社会客观环境包括物质生活环境以及精神生活环境。

(1)物质生活环境对人生观的影响

物质生活环境是人生观形成的深层次来源,主要通过一些中间环节对人生观的形成起到间接作用。

(2)精神生活环境对人生观的影响

精神生活环境会对个体人生观的形成起到直接影响作用,主要包括政治环境、文化环境、宗教环境以及道德风尚等。

人生观是一种思想意识,在社会精神环境中,社会意识以及社会心理等都是相互渗透和影响的,它们融为一体形成了社会的精神生活环境,而精神生活环境会对人们的思想意识也就是人生观起到潜移默化的影响作用。

在精神生活环境中,对个体人生观的形成和改变起到最重要作用的是道德风尚,一个社会的道德风尚是和这个社会的经济关系性质直接关联的。尤其是在阶级社会中,如果社会的统治阶级正处于上升、进步的阶段,那么社会风尚就是好的;而当社会的统治阶级处于腐朽、衰落的阶段,那么社会的道德风尚就很有可能是不好的,无论是好的社会道德风尚,还是不好的社会道德风尚,都会对人生观的形成和改变产生影响。好的社会道德风尚可能会指引人们形成积极的人生观;而不好的社会道德风尚则很有可能导致人们形成消极、悲观的人身观。

2. 内在心理因素的制约

个体人生观的形成和改变还受到人们内在心理因素的影响和制约。这里所说的内在心理因素主要包括个人所具有的智力、情感、意志等。

(1)智力

智力,是指人们认识和理解客观事物并且能够运用知识或经验等解决问题的能力。一个人的智力会影响这个人对客观事物认识和理解的角度和层次,会影响他对社会生活的态度以及对生活价值的认识,会影响他对人生理想的追求。

（2）情感

情感是指人们对客观事物所持的态度的体验。人的情感会在很大程度上影响人们人生观的形成。比如说，如果一个人在现实生活中体会到积极的情感，那么就可能会对生活产生正面的认识，从而形成正确的人生观；反之，如果一个人在现实生活中总是体会到消极的情绪，那么就可能会对生活产生负面的认识，从而形成悲观的人生观。

（3）意志

意志是指人们自觉调节自己的行为以达到目的的决心和毅力。人们的意志也会在一定程度上影响个人人生观的形成和改变。一个意志坚定的人在实现人生目标的过程中，会想方设法排除万难，抵制各种非科学人生观的诱惑，积极地向人生目的努力和前进，从而会形成非常积极、正面的人生观。而意志不坚定的人可能会在到达人生目标的过程中轻易动摇，在困难面前半途而废，从而形成没有信心的、消极的人生观。

（二）群体人生观

群体人生观相较于个体人生观而言，是指一定的社会群体在社会实践过程中形成的对人生的意义和价值以及生活的目的的共同观点。人总是生存、生活于社会之中的，在社会中，人们会由于相似的成长经历、相似的社会地位和职业特点以及相同的宗教信仰等自动形成一定的群体。在这些群体中的个体会由于共同的人生实践形成相似的人生观，这个人生观就是群体人生观。可以说，群体人生观是对群体共同的社会经历、社会地位以及相似的生活环境和条件的反映。

1. 群体人生观的特征

群体人生观的特征表现为整体性和共同性两方面。

（1）整体性

群体人生观具有整体性的特点。群体人生观是建立在个体人生观基础之上的，但是又不是群体内所有个体人生观的简单相加。群体人生观同个体人生观相比，没有了个体人生观当中个别、零散的部分，而是更加倾向于从整体利益的角度出发，对群体中绝大部分人对人生问题的观点和态度进行反映。

（2）共同性

群体人生观还具有共同性的特点。群体人生观剔除了个体人生观中片面、单一的成分，倾向于从群体共同利益的角度出发，对人生观进行归纳和总结。

在群体人生观中,个体人生观的复杂、多样的特点将会消失,取而代之的是单一、严肃的抽象形态;个体人生观中肤浅、感性的认识也会被深刻、理性的认识所取代。很显然,对于生活在社会中的人来说,群体人生观的影响要更加深刻和广泛。

2. 群体人生观的分类

群体人生观根据划分标准的差异可以被分为不同的类型。以群体在生产关系中的地位进行划分,群体人生观可以被分为阶级人生观和阶层人生观,阶层人生观会因为社会所处时代的不同而存在差异;以群体的政治倾向为划分依据,群体人生观可以被分为政党人生观和政治派别人生观;以群体的宗教信仰为依据,群体人生观可以分成有神论人生观以及无神论人生观等。

不同类型的群体人生观之间既相互区别,又相互渗透,都对社会生活起到了一定的作用。

(三)个体人生观和群体人生观的关系

个体人生观和群体人生观之间存在着对立统一的关系,这种对立统一的关系可以在个体与群体的关系中体现出来。个体和群体是一对社会客观存在中的重要的矛盾范畴。个体代表了一类事物的质,而群体则代表着这类事物的量。群体只在"量"上对个体进行了增加,但是并没有产生"质"上的新特点。个体与群体是不能分离、相互依存的,个体虽然是一类事物"质"的反映,同时也能体现一定的量;群体虽然是一类事物"量"的体现,但是也不能离开"质"。

个体和群体之间相互依存的关系还表现在:没有个体,就不存在群体;离开了群体,个体也就无法存在。

在个体和群体的基础上,个体人生观和群体人生观的关系也表现为相互依存、共同存在。一方面,离开了个体人生观,群体人生观无法独立存在;另一方面,个体人生观也不能离开群体人生观,无论个人的生活经历是多么独特,都是社会生活的一部分,个人生活总是在以不同的方式反映着社会生活以及由社会生活产生的群体人生观。

把握个体人生观和群体人生观的辩证关系,对于人生观的理论研究和教育发展有着重要的意义,它表现在三个方面。

1. 群体人生观离不开个体人生观

没有个体人生观,就不存在群体人生观。群体人生观的提升既是以个体人生观的提升为基础的,同时也是以提升个体人生观为目的的。在一定的社会关系中,只有新的个体人生观形成,并集合到一起,才有可能形成新的群体人生观。

2. 个体人生观离不开群体人生观

个体人生观离不开群体人生观。群体人生观的水平和现状不仅代表了个体人生观的水平,而是给个体人生观的形成和改变提供了基础和归宿。群体人生观是一定量的个体人生观的概括和总结,同时也为个体人生观的形成创造了条件。每一个个体在形成自己独特的人生观时都不可避免地要面对社会上已经存在的诸多群体人生观,这些人生观已经成为现实的一部分,是个体形成人生观的现实基础。

3. 个体人生观的归宿是群体人生观

就像人不能独立存在与世界上一样,人总是生活在社会中的,同样,个体人生观也不能脱离群体人生观而存在。个体人生观无论以什么样的姿态存在,都必须寻找到社会予以支撑,并在群体中获得力量。

三、经验人生观与理论人生观

按照人生观结构中由低到高的层次可以将人生观分为经验人生观和理论人生观两部分。

(一)经验人生观

经验人生观是人们在社会生活中经过诸多人生经历积累而形成的关于人生的观点。经验人生观是人们总结和判断人生的初级形式。

经验人生观是人们对于日常生活和经历的总结和反映,这其中包括了自身的经历,也包括了他人的经验;既包括个体的经验,也包括群体的经验。

从自身和他人的经验来说,人们在日常生活中不仅要过自己的人生,在社会实践中形成经验,而且会在交流和观察中总结或获得来自他人的人生经验,这些都对人们形成经验人生观起到一定的作用。

从个体和群体的经验来说,人是生活在社会当中的,除了自身会在社会实践中获得经验之外,群体也可以产生经验。上文中提到,群体人生观相较于个体人生观更加全面和深刻,但是这不意味着群体人生观中不含有初级的、经验的成分。

经验人生观具有零散性和浅显性的特点。

1. 零散性

经验人生观具有零散性的特点是由于人们在生活中获得的经验往往都是从社会实践中来的,而由于生活环境的限制和时间的有限,人们不可能经历所有方面、各个领域的实践生活,因此获得的经验不可能是非常完整的。

2. 浅显性

经验人生观的浅显性有两层含义。首先,经验人生观是生动形象、易于理解的。其次,经验人生观是浅陋和相对狭隘的,这是因为,人们在社会实践中获得的经验往往是来自于生活中发生的事件以及存在的现象,而不是生活或人生的本质,因此,经验人生观不可能是深层次的。

(二)理论人生观

理论人生观是人们在经验人生观的基础上对人生活动的本质进行认识和理解形成的对人生的本质及其规律加以概括的认识。理论人生观是关于人生认识的较高级的形态,是对人生的逻辑性反映。

理论人生观涉及人生问题的方方面面,但是其根本问题不会改变,就是人生的客观性与主观性以及两者之间的互动关系。人生的客观性是指人生具有的物质本体,而人生的主观性是指人生的价值和意义。从人生的主观性和客观性两个角度对人生进行探究,才能得到完整的关于人生问题的答案,人们也才能从客观性认识中升华出主观性理解,获得引导个体进步的方向和指南。

理论人生观作为对人生问题的思考,其观点存在对错之分。这是由于人们在认识人生的过程中存在的不同的世界观和方法论决定的。一般来说,坚持唯物主义和辩证思维方式的人会更容易产生对人生问题正确的认识和观点;而持有唯心主义观点的人则很有可能产生错误的理论人生观。那么怎么样的人生观是正确的,什么样的理论人生观又是错误的呢? 评判标准是客观性,如果一个理论人生观具有客观性,是对人生规律和社会关系的客观反映,并且能对社会的发展和人类的进步起到积极的推动作用,那么它就是正确的。

理论人生观具有系统性和深刻性的特点。

1. 系统性

理论人生观具有系统性的特点。相比于经验人生观来说,理论人生观并不是人生活动的简单复制,也不是对经验的笼统概括,而是在经验人生观的基础上,对人生活动的本质进行研究,寻找人生活动的内在联系,分清在经验人生观中,哪些是本质的,哪些是表面的;哪些是主要的,哪些是次要的,从而形成对人生问题合理、系统的理论体系。

2. 深刻性

理论人生观还具有深刻性的特点。理论人生观相较于经验人生观,提出了表象的、片面的、感性的、偶然的部分,形成了理性的对人生问题的认识。理论人生观实现了对人生认识的质变,超越了经验人生观的狭隘,形成对人生的本质和规律更深刻、更全面的反映和认识。

(三)经验人生观和理论人生观的关系

经验人生观和理论人生观代表了人类对人生认识的两个阶段。两者既互不相同,又相互联系。这里所说的相互联系是指经验人生观和理论人生观不仅相互依赖,而且相互转化。

1. 经验人生观和理论人生观相互依赖

经验人生观和理论人生观相互依赖是指不仅经验人生观是理论人生观形成的基础,而且经验人生观也依赖理论人生观。

首先,经验人生观是理论人生观形成的基础和前提。理论人生观对经验人生观的依赖很好地体现了认识对实践的依赖关系。经验人生观来源于人们的社会实践,是客观存在,而理论人生观是对人生问题本质的总结和概括,是意识。同时,经验人生观是感性的直接经验形成的,而理论人生观则是来源于理性的判断和分析。因此,经验人生观是个别;理论人生观是一般,一般寓于个别之中体现了从经验人生观中形成理论人生观的过程。

其次,经验人生观也依赖理论人生观而存在。经验人生观依赖理论人生观不仅表现为经验人生观的感性经验需要通过理论人生观的理性认识来表达,而且表现在理论人生观对经验人生观的指导。人们在社会实践中,行为举止都需要相应的理论加以指导,没有思想指导的人生实践是根本不存在的。

2. 经验人生观和理论人生观相互转化

经验人生观和理论人生观的互相转化表现为经验人生观会深化成为理论人生观,而理论人生观又会反过来引导经验人生观的发展。

首先,经验人生观经过一定的发展会深化为理论人生观。人们对人生进行认识的最终目的是通过经验形成对人生本质的、规律的认识,而认识人生的本质、探求人生的客观规律的目的是指引人们更好地改造世界,创新历史。因此,只有上升为理论人生观,经验人生观才能对人生的实践起到指导作用。

其次,由经验人生观发展而来的理论人生观又会反过来作用于经验人生观,促进经验人生观的发展。

四、人生观与世界观、价值观

人生观是人们在实践中形成的对人生目的及价值的观点和态度,其与人们的世界观、价值观之间存在着密切的关系。对人生观和世界观、价值观的关系进行解读,有助于我们更好地理解人生观的内涵。

(一)人生观与世界观

世界观和人生观之间存在着密切的关系。有什么样的人生观就会形成什么样的世界观。世界观是指人们对世界所有自然、社会、人的思维的总的观点和态度,是在一定的社会实践中形成的对世界的认识。世界观内在地包含了人生观,正确的世界观是科学人生观的前提,而人生观是在人生问题上对世界观的运用。人们形成人生观的基础是人们对世界发展和变化的认知的正确认识,也就是人们的世界观。

同时,世界观和人生观不是相同的概念。人生观的改变会引发人们世界观的变化。正确的人生观会对世界观的形成和改变产生积极、正面的影响。但是如果一个人在社会生活中由于没有抵抗住非科学的人生观的诱惑,从而抛弃了正确的人生观,那么他的世界观也会随之发生翻天覆地的变化。

(二)人生观与价值观

价值观是人们在社会实践中形成的对社会生活和实践的根本问题的观点的价值体系。在社会中生活的人们随时需要面对社会的变化和新情况的出现,在这个过程中避免不了对实践的价值进行判断和衡量。正确的价值观是以集体利益和人们共同利益为主的价值观,会对人们的人生观起到积极的指导作用。

价值观和人生观存在共同点,就是两者都是对事物价值的衡量和判断。人们在对人生的价值进行判断的基础上,对人生的意义进行思考,从而影响人们对其他事物价值的判断,从这里我们可以看出,人生观对于价值观的重要意义。

此外,价值观和人生观还存在一定的差异。价值观的范围较大,泛指人们对一切事物价值的观点和态度,而人生观的覆盖面较小,只是指人们对于人生的价值和意义的根本观点。

世界观是人生观形成的基础,而人生观又是价值观的出发点,三者之间形成了辩证统一、相互作用的关系。

第三节　中西方人生观的理论比较

人生观涉及人生活的方方面面,直接影响着人们在社会生活中的选择和方向。中西方在经过世代的研究和分析之后形成了不同的关于人生观的理论,我们通过对中西方对于人生观的不同理论进行比较,能在很大程度上对中西方人生观的基本特质进行理解和掌握。

一、关于人性与人的本质问题的比较

人生观是人们对人生意义和价值的根本看法和态度,人是形成人生观的主体,要解决怎样生活的问题,首先需要理解什么是人,人的本质是什么。人性与人的本质问题是研究人生观的理论基础。

(一)西方传统观点

对于人与人性的问题,西方传统观点中最早试图将人与动物区分开来的哲学家苏格拉底认为:人是能对理性问题进行理性解答的存在物。哲学家亚里士多德进一步对人的本质进行了定义:人是"政治动物",是"陆栖两脚动物"。他们用这种属加种差的方法对人的本质进行定义,实际上,仍然没能成功地将人和动物区分开来。

真正开始对人进行系统研究的是近代资产阶级思想家和科学家。文艺复兴运动以来,随着自然科学和社会科学的进步以及哲学领域的发展,人们开始对自身进行研究。哥白尼的"日心说"推翻了"地心说"理论的长期统治,人们开始对人类来源于上帝的学说产生疑问,并且开始从人们生存和生活的环境来研究人本身和人性,而不是从宗教神学的角度来理解人和人性。

17世纪是自然科学和技术全面发展的时期,培根认为,人就是自然的仆役和翻译员;霍布斯在培根的观点上加以发展,认为人的天性和行为动力是"自我保存"。

到了18世纪,法国经过了资产阶级革命之后,人们的思想观点有了更具颠覆性的变化。启蒙思想开始在法国甚至整个欧洲地区盛行,启蒙思想家们主张民主共和,反对封建专制,宣扬人人平等,著名的启蒙思想家卢梭的"社会契约论"中对这种人人生来平等的思想进行了阐述,他主张"天赋人权"。

到了18世纪中叶,反对封建专制统治的思想已经占据了法国思想的主

要地位,但是人们对于人类本身的认识仍然被困在机械唯物论的框架中,没有取得突破。

近代资产阶级哲学的最高峰在德国出现,德国古典哲学的出现推动了近代资产阶级哲学的大进步。黑格尔的人性论认为人是"绝对精神"的外化,他的观点是典型的唯心主义理论,但是却在人性善恶的问题上体现出辩证法思想。黑格尔认为,无论是善还是恶,都是根源于人们的意志,而意志既可能是善的,也可能是恶的。德国古典哲学的最后一名哲学家费尔巴哈将自己与唯心主义完全相反的思想理称为人本主义,他认为神和"绝对精神"都不能作为哲学研究的对象,主张将揭示现实的、肉体的人的本性作为哲学的根本任务。人本主义对当时在社会中占据主导地位的唯心主义和宗教神学造成了冲击,推动唯物主义恢复了其该有的思想地位,可以说,人本主义在历史进程的哲学发展中是一个巨大的进步。

从总体上来看,西方传统观点对人的研究都以探索人的本质为核心,也就是研究人是什么。直到现代才开始对人的价值和人生的意义进行研究。对于人的本质问题,西方传统观点具有以下倾向。

1. 人是由人之外的自然的、物质的以及精神的事物构成的

西方传统观点认为,人是由人以外的自然的、物质的以及精神的事物构成的,并且被这些事物所表达和说明。古希腊哲学家毕达哥拉斯认为,万物产生的根源都是"数",人是由数来统治的。赫克利特认为,世界和人都来源于火,世界的发展是有规律且合乎逻辑的。德谟克利特认为原子不仅可以进行直线运动,而且可以偏离直线运动。我们分析古希腊诸多哲学家的这些理论不难看出,虽然他们对人的来源的定义不同,但是他们的思想理论中存在一个共同点,就是他们都认为人是由外部事物构成的,既然人是由其他物质产生的,那么就必须遵从客观逻辑。作为同类物,人们在上帝面前都是平等且自然的。

古希腊人将自然看做一个整体,人是这个整体中的一个组成部分,所以人的本质是宇宙的本质,人和宇宙是相互融合的。希腊人将自由看做人生理想,这种对人与人生理想的理解对于后来西方关于人性与人的本质问题的研究和探索产生了重要的意义。

2. 人的本性是自私的

以古希腊人对人的本质的定义为基础,西方社会开始对人的自然属性和人性进行研究,西方思想认为,人性是以人的自然属性为标准的。在这个问题上我们需要注意两个问题,首先,西方思想中的"人"指的不是人类整体,而是个人;其次,西方思想认为对人的本性的研究需要将个人从社会中脱离出来,使个人不属于社会关系,然后对个人具有的与生俱来的本性和自然权利进行研究,并以此为依据,对社会以及社会的变化的合理性进行判断,也就是说,在这样的思想观点中,只有对个人的自然权利有利的社会及其变化才是合理的。因此,虽然不同的思想家和哲学家对人的本质和人性的定义不同,但是他们都倾向于主张"人的本性是自私的"这一观点。

17世纪哲学家霍布斯认为人和动物有一个共同点,那就是他们都是自然的产物,因此人类自然会追求感官的快乐,逃避感官的痛苦,因此,人类一生都在追求对自己有利的事物,人的本性是自私的。霍布斯将人类还未进入社会国家之前的状态称为"自然状态",他认为在这样的状态中,由于人人都是自私利己的,都争取和追求对自己最有利的结果,都想让自己拥有更多的权利,这就导致了人与人之间形成了竞争和敌对的关系。

(二)中国传统观点

在中国,从传说中的炎帝、黄帝开始,就有人试图对"人是什么"这一问题进行解答。《列子·黄帝》中对人的描述是:"有七尺之骸,手足之异,戴发含齿,倚而趣者,谓之人。"从这段话中我们可以看出,当时的人们只仅仅能从人的外貌特征和行走姿势等来对人和动物进行区分。

到了春秋战国时期,对"人是什么"这一问题的认识得到了巨大的突破。在我国思想历史发展的长河当中,第一个对人性的定义进行讨论的是告子,他将人与兽区分开来,认为"生之谓性,食色性也"。孟子对告子的观点进行了质疑和反驳,他认为告子的观点并不能从根本上将人和牛、狗区分开来。在反对告子的同时,孟子提出了自己对于人性的观点,他认为,人之所以与禽兽不同,是因为人类具有仁义礼智等伦理观念。

我国思想历史发展过程中第三位对人性问题进行研究的是荀子,他认为人性是先天而来的,但是人性的本质是恶的,是与道德相对立的,因此需要通过社会道德来纠正人性的"恶"。

从总体上来看,中国传统对人性问题的认知主要有以下倾向。

1. 人主要是人伦中的人

与西方传统思想首先对人的本体进行研究不同,中国的传统思想从一开始就对人的价值进行研究。在对人是什么这一问题的解答上,中国传统思想大多以关系为本位,也就是说将人定位在与他人和自己的关系中进行探究。

在中国传统思想中,对人的范畴的定义主要包括六种:

(1)人是宇宙中最精微的元气凝结而成的一种族类,有生、有知、有义,并且有思考和劳动的能力。

(2)人是称众之辞。

(3)人是某一种、某一类或某一族群、某一地域的人。

(4)人可以用来指代自己或他人。

(5)人是智勇双全,具有其他才能的个体。

(6)人的范畴是指人的品质和才能。

中国古代前期对人的个体概念并没有明确的定义,对个体的定位就是"我",而"我"在古代是指帝王、君主的,之后逐渐演变成为"施身自谓"的含义。

在孔孟的观点中,人就是"我",而"我"是关系中的角色,"他人"和"我"一样都是存在于关系中的角色,因此,"他人"和"我"一样,具有同构性。

2.人的本性要与动物相区分

中国古代传统思想认为,要探究人的本性,首先要将人与动物区分开来。虽然在中国古代哲学史上,关于人性的善恶、人性的根源的问题的讨论众说纷纭,但是以孔孟为代表的儒家思想还是占据了主要地位。在人性的问题上,孟子认为,人和动物是完全不同性质的类型,人有仁义、道德、智力,他们可以用其来约束自己不受到诱惑的吸引,而这些物质是动物所不具备的,是人和动物得以区分的重要因素。中国的人性观点倾向于认为人性是道德之性。

(三)关于人性与人的本质问题的中西方观点的评价与分析

综上所述,中西方对于人性与人的本质问题给出了具有明显区别的观点,这种差异性观点的形成一方面是由于中西方文化传统的差异,另一方面是由于不同文化的特征的差异性造成的。

1.西方思想从本体论认识人性

西方传统思想倾向于从本体论的角度对人性以及人的本质进行研究,从人的外部因素研究人的组成和结构,从而对人形成客观性的观点和看法。人的形成,必须建立在一定的外在因素,也就是客观基础上,离开客观因素,人也就失去了存在的现实基础。从这个角度上来说,西方传统思想强调法律对人的自私本性的制约存在其合理之处。但是西方传统思想对人的研究始终停留在对人的自然本性的讨论上,并且过分夸大了人的自私本性,将其作为人的本性,因此也存在其片面之处。现代西方社会产生的非理性主义、悲观主义、个人主义等人生观都是西方传统思想对人的自然本性的过分解读的必然结果。

2.中国思想从价值论认识人性

同西方传统思想从本体论的观点研究人性不同,中国传统思想研究人性的角度倾向于价值论的观点。将把人和动物区分开来作为研究人的本性的基础,这种方法凸显了人的本质的群体性和社会性,在思想发展中是一个巨大的突破和跨越。当然,从价值论的角度认识人性也存在其局限性。首先,由于中国传统思想将人作为社会关系中的组成部分进行研究,因此对人本身的独立性没有进行定位,人我关系表现出很强的依赖性;其次,中国传统思想受到中国古代封建统治的影响,对社会人伦的定位具有明显的等级型,群体和社会本位存在明显的宗法色彩。

二、关于人生意义与价值问题的比较

关于人生价值的问题是人生观的核心问题,主要包括两方面内容:一是人与自然的关系,即人在宇宙中占据的位置;二是人与社会关系,也就是人在社会中占有何种地位。中西方传统思想对人的价值这一问题的讨论也存在不同的出发点和看法。

(一)西方传统观点

基于西方传统思想从本体论的角度思考人性的立场,西方思想对于人的价值这一问题的研究,在以下两方面具有其独特性。

1.人与自然的关系

西方思想主张自然是一个有机整体,人是这个整体中的一部分。在人与自然的关系这一问题上,西方思想倾向于认为自然是完全独立于人的客观存在,强调天人有别、天高于人。在西方思想中,"天"包含两层含义,首先,天可以指物质的自然世界;其次,天还可以被认为是有宗教意义的"天国"。在指物质的自然世界这一层含义中,西方思想认为物质世界和精神世界是相分离的,征服和超越物质是体现人的价值的基础。在指宗教意义的"天国"这一层含义中,人的价值是在服侍上帝、荣耀上帝的过程中得到体现的。在这样的观点支撑下,西方思想提倡人的意志自由,认为人生价值实现的重点是追求知识和真理。苏格拉底提出的"知识即美德"就是很好的体现。苏格拉底认为,知识是道德之本,只有掌握知识,才能拥有道德,人类道德的最高要求是"至善",而知识即是至善。

西方传统思想强调人的意志自由、注重知识的重要性,认为遵循理性就是要遵循自然的客观规律行事,使人的生活与自然相适应,因此西方思想提倡功利主义的人生价值标准。西方传统文化认为,人的价值的体现是功利,所谓的功利就是人的行为能给自己和他人带来快乐的限度,一个人的行为能给他人带来越多的快乐,那么这个人的价值就体现得越彻底,这个人就具有"善"的品质。

从总体上来看,西方传统思想中将功利主义作为衡量人的价值的标准是试图在上帝和人的理念之外寻找评判人的价值的客观标准,自然有其值得肯定的积极性。但同时,把人的价值归结于对人的感受的作用未免太过简单和片面,并且这与功利主义试图寻找一种客观的评判标准的初衷是相违背的。

2.人与社会的关系

关于人与社会的关系以及人在社会中的地位的问题,西方传统思想倾向于从个人本位的价值取向的角度对其进行探究。也就是以个人利益为核心来判断一件事物的好坏和行为的善恶,强调个人利益的受保障性,保持个人在社会中的相对独立性。这种观点也就是我们通常所说的个人主义的价值观。个人主义的价值观主要来自于西方哲学的本体论,此外,西方文化对人的本性以及人的本质的研究对个人主义的形成也产生了重要的影响。

然而,西方思想关于个人本位的价值取向的观点也经历了一段发展历程。首先,古希腊智者学派的关于人的地位与作用的观点对西方个人主义的形成起到了重要的奠基作用。其次,西方个人主义思想在文艺复兴时期得到了迅速的发展。再次,到了17—18世纪,西方的个人主义开始向全面化发展,并且形成了具有资产阶级性质的体系。最后,从19世纪下半叶开始,随着逐渐的系统化和全面化,个人主义思想理论的发展开始走向衰退。

(二)中国传统观点

从中国传统人性观的角度入手,我们可以总结出人生价值观的基本倾向的特点主要表现在以下两方面。

1.人与自然的关系

关于人与自然的关系,也就是人在宇宙中的地位的问题,中国传统思想倾向于天人合一的观点,认为人贵于天。在这个观点上,中国传统思想和西方传统思想的显著差异就体现出来了。在中国的传统思想中,"天道"和"人道"是两个非常重要的概念,但是中国传统思想认为,"求天道"是为了"尽人道",求天理是为了能帮助人们成为圣人君子。

天人合一这一理念最早产生于西周时期,西周时期著名的天命论认为,天是有意志的具有人格特点的神,天将九种大法赐予了禹,然后便产生了人伦规范。因此,天人关系是人和神的结合。到了战国时期,孟子和庄子又从不同角度对天人合一的理论进行了发展和诠释。中国传统思想从自然与人生的统一的角度上思考人与自然的关系,追求人与天地万物融为一体的境界,最终达到天人合一的理想。

可以看出,在中国传统思想中,之所有认为人和天是可以统一的,是因为天是具有人格化的神,从这个角度上就不难理解人为什么贵于天了。人之所以贵于天,是因为人有仁义、道德,而这是神所不具备的。因此,中国的人生价值观强调生命的价值,强调人不同于动物的道德价值。这种倾向在中国长久的思想发展进程中得到了体现。先秦儒家认为,义是指在社会活动中人类应当遵守的准则和伦理;而利是指能让个人的需求得到满足的私欲。因此,在义利问题上,儒家思想有三个基本观点:首先,义利是两个相对立的事物,道德行为不应当参杂个人利益,而是应该以义为原则。其次,儒家思想强调重义轻利,区分一个人是"君子"还是"小人"只要判断这个人是"为善"还是"为利"就可以。最后,义是善的,相对的利是恶的,利是恶的来源和根本。在这种思想理论的指引下,中国传统文化对功利主义采取鄙视的态度。与西方强调功利主义不同的是,中国的传统思想将道德作为衡量人的价值的标准,认为道德才是人生最高的价值追求,是生命的本性。

2.人与社会的关系

关于人与社会的关系,也就是人在社会中所处的地位,中国传统思想主要从群体社会本位的角度去思考和研究这个问题。群体社会本位的价值取向就是指以群体或社会整体的利益为核心来判断事物的好坏以及行为的善恶,如果一个事物或行为是有利于社会或群体的集体利益的,那么它就是善的。这种观点将社会或群体的集体利益看做高于个人利益的事物,注重个体对群体的责任,主张个体在群体中要服从。

中国传统的思想将个人放在复杂的社会关系中进行讨论,认为个体是复杂人际关系中的中心点,是连结人际网络的桥梁,个人是依附于社会、群体或是一定的社会关系而存在的。

儒家思想总结出"修身、齐家、治国、平天下"的理论观点,就是对个人与社会关系的很好的诠释,不仅体现了个人与社会的依存关系,而且体现了在社会中,群体的利益才是最重要的这一观点。

虽然,在中国传统思想中,关于人在社会中的地位的观点存在不同的认识,但是很显然个人价值从属于社会价值这一价值倾向还是占据主导地位的。

(三)关于人生意义与价值问题的中西方观点的评价与分析

中西方对人生意义及人生价值问题的讨论延续至今,涉及庞大的思想体系,虽然我们不能对整个理论体系进行系统的研究,但是分析中西方思想对这个问题的主导倾向不难发现,在这一问题上,中西方人生价值观存在着明显的差异。

1. 西方思想主张天贵于人

上文中已经提到在面对人的意义和人生价值这一问题时,西方的人生价值观认为,人是自然的有机组成部分,对客观真理和知识的追求是人生价值的最高体现。并且主张功利主义,以个人利益的满足来评判人在社会中的地位。

这种价值观对于西方思想的进步在于,它充分肯定了客观存在的重要性,强调人对自然的遵从,并且对人的价值进行了充分的肯定,对宗教神学和专制主义进行了大力的抨击。

但是这种价值观也存在一定的片面性,主张功利主义很显然夸大了人的个人价值的绝对性,这种倾向可能会导致社会矛盾的产生以及阶级冲突的出现,从而影响人的全面发展。

2. 中国思想主张人贵于天

中国的价值观主张天人合一,强调道德的重要性,将人的道德作为融合的基础,因此,它强调人对于客观世界的主观能动性。除此之外,中国的价值观倾向于以群体和社会集体利益为导向,以社会和群体为本位来确定个人在社会中的地位,这种价值观在很大程度上把握住了人生价值的真谛。

然而中国的这种价值观也存在其不足。首先,在天人关系的问题上,中国传统思想夸大了个人对自然的改造能力,忽略了人只有遵循客观事物的规律才能最大限度地发挥人的潜能和价值,实现对客观事物的改造。其次,在个人与社会关系的问题上,中国传统思想的认知将关系原则的确定优先于关系项的确定,这是不科学的,尤其是中国价值观中强调的社会利益还是建立在血缘宗法制度之上的,这在很大程度上破坏了社会的公平性,因此,中国传统思想过分强调社会利益,而忽视了个人价值,使得社会价值缺乏了存在的基础。

三、关于人生理想问题的比较

在人生观的理论体系中,人生理想是一个关于人的动力机制和终极关怀的问题,它遵循着人生价值观的指导而产生和发展,是人生理念转变为人生实践的重要环节。我们在此对人生理想的问题进行研究,对理解人生价值观具有重要意义。研究中西方思想关于人生理想问题的理论的差异主要从两个方面进行思考,一方面是中西方思想在这个问题上存在的基本特征是什么,另一方面是中西方思想通过何种方法指导人们实现人生理想。

(一)西方思想观点

1.人生理想是什么

古代希腊学者认为人是自然这个有机整体中的组成部分,因此,人和宇宙在本质上是相通的。伊壁鸠鲁从德谟克利特的原子唯物论出发进一步对世界和人的目的进行了探究,他认为人是有意志自由的,人的目的并不仅仅是认识自身和这个世界,而是把人从死亡的恐惧中解放出来,让人们真正获得自由。

文艺复兴时期的人文主义者强调人的价值的重要性,认为人是有权进行自由选择的,人可以排除上帝的安排和束缚。

到了近代,西方思想在批判宗教神学的道路上继续发展,逐渐形成了理性主义,认为追求自由是人生的最终理想,并将追求自由为人生理想的人生观确定为哲学的基础。

虽然在西方的不同国家及地区或不同时代对人的主体性有不同的定义,但是在强调人的意志自由这方面还是非常统一的。

2.如何追求人生理想

在确定了人生理想就是真正的自由之后,怎样追求人生理想成为了一个问题。西方思想对于如何追求人生理想这一问题经历了从理性主义、信仰主义、理性主义与信仰主义相统一的发展过程。

在古希腊社会,人们遵循理性主义;到了西方中世纪时期,由于基督教开始占据统治地位,因此信仰主义开始代替理性主义成为人生观价值观遵循的原则。在基督教和宗教神学的影响下,人们开始对理性主义中对人生理想的定义进行思考,在理性主义中,人们认为追求客观真理和知识是人生价值的体现,但是求知之路是没有尽头的,那么为什么还要坚持这条求知之路呢? 在这个意义上,基督教推动产生的信仰主义使人们的人生理想开始蒙上一层超越客观存在的色彩。

到了文艺复兴时期,近代资本主义经济关系以及科学技术得到了迅速的发展,在这样的环境中,西方社会开始追求自由的人生理想的形式开始向理性与信仰主义结合的方式发展。一方面是由于宗教世俗化的改革,使得日常的生活行为被赋予了神教色彩,强调信仰应当表现为责任;另一方面是因为基督教在发展过程中需要借助希腊理性的思想作为其论据,吸收科学理性的成分,这就使得理性主义和信仰主义相结合的方式成为人们追求人生理想的新途径。

(二)中国思想观点

1.人生理想是什么

关于人生理想是什么的问题,中国思想的定义是"成人"。所谓"成人"就是要达到"内圣外王"的人格理想目标。这是由于我国传统思想对于人的本质的认识决定的,首先,中国传统思想认为要在人伦中对人加以说明;其次,中国传统思想主张将人和动物以道德为原则进行区分。

"内圣外王"是《庄子·天下》中的表述,是指人本身具有圣人之德,同时在对外交往时能具备王者之政。后来的儒家思想都将其作为最高的文化思想。

内圣外王作为一种道德思想,在实践中的体现就是:"内修己、外治人"。儒家思想这样看待修己和治人的关系,认为修己是治人的前提,修己是为了成为君子,而只有君子才能治人。

2.如何追求人生理想

上文中总结了,中国传统思想认为人生理想就是"内圣外王",那么在中国传统思想的指导下,人们要如何实现人生理想呢? 最重要的是要挖掘人的道德本心,通过格物致知、修身养性来追求这种至高无上的人生理想,从而从内而外地实现自我的提升,达到齐家、治国、平天下的目标。

(三)关于人生理想问题的中西方观点的评价与分析

综上所述,我们不难发现,对于人生理想的含义,中西方思想存在着明显的差异。

1.西方思想的优点及缺陷

西方思想将意志自由作为人生理想的最高境界。这种观点的优点在于,把主体意识作为理想的标准,意味着将理想与现实生活结合在一起,并建立在人内在的需求上。由于意志自由这种理想是无止境的,因此可以推动人们不断激发主观能动性和创造力以达到意志自由的最大化。

然而,西方思想关于人生理想的理论也存在其不足的方面。首先,将人的意志自由作为人生理想是建立在宇宙论的基础之上的,因此,这种观点将人的自然属性作为依据,夸大了个人意志自由的属性,必然会导致人性的自相矛盾的产生。这是因为,人终究是生活在社会中的,脱离了社会去研究人的自然属性很显然是不科学的。其次,以理性主义和信仰主义相结合的途径来实现人生理想固然存在其合理性,但是西方信仰主义的基础是宗教,而宗教和理性主义的基础科学又是不相融合的,这就导致二者在理论上和实践上都很难实现统一。

2.中国思想的优点及缺陷

中国传统思想强调将"内圣外王"作为人生理想的最高境界。这种理想是真实的社会生活的反映,并且以人的道德社会本性为基础,因此其优点是不仅体现了积极的入世态度,而且具备乐观的超越精神。同时,这种内圣外王的思想强调由己及人,从自身出发,主张个人要发挥自主实践性。这点不仅符合道德本质的基本要求,并且包含了深刻的辩证法思想原理。

但是,中国传统思想关于人生理想的讨论也存在其片面的部分。首先,"内圣外王"作为一种道德理想,虽然也具备一定的实践性,但是更注重对行为的规范和对道德的遵守,因此与主观能动性之间的联系较浅,在社会实践中很难起到真正的作用。其次,这种人生理想过分强调人性的正面性和积极性,而忽视了人性中消极性和被惯性的存在,因此在现实生活中,这种思想很有可能由于无法给人们提供指导而变成空谈。

第二章　大学生人生观教育的
理论基础与现状

要研究大学生人生观教育,首先要对科学人生观的理论基础进行明确。同时,目前我国的大学生人生观教育正经历着逐渐完善的过程,我国的大学生人生观教育还存在着诸多的问题,面临着一系列的挑战。怎样克服这些问题,面对这些挑战,成为我国大学生人生观教育中不得忽视的重要课题。

第一节　科学人生观的理论基础

从古至今,人类在自我发展的进程中,从未停下审视和思考人生的脚步。在马克思主义产生之前就已经有很多哲学家和思想学家对人的本质进行了探究,但是由于历史和阶级的局限性,一直没有得到全面的对人和人生的科学理论。马克思主义在吸取前人的经验和思想精华的基础上,第一次科学地揭示了人的本质,从而为人类对自我进行认知提供了方向,为科学人生观的产生和发展奠定了理论基础。

一、马克思主义对个人与社会关系的理解

个人和社会之间的关系是唯物史观理论中重要的组成部分,这个问题首先在马克思主义中得到了解决。马克思哲学的产生主要经历了两大阶段,第一个阶段是马克思从青年黑格尔派向唯物主义转变的过程,第二个阶段是马克思由旧唯物主义向历史唯物主义转变的阶段。

(一)马克思主义关于个人与社会关系问题的理论的发展过程

上面已经提到,马克思主义哲学的产生主要经历了两个阶段,同时关于个人与社会关系这一问题的认知,马克思也经历了一系列的发展过程。

1. 从青年黑格尔派向唯物主义的转变

在 1843 年之前,马克思主要受到青年黑格尔派的影响,直到 1843 年,马克思开始突破青年黑格尔派的局限,寻求新的转变。他开始转向唯物主

义。通过对黑格尔的唯心主义国家观进行质疑和批判，从而开始对人的本质进行认识。在这个阶段，马克思将人的本质定义为"社会性"。在对人的本质进行了深入研究之后，马克思开始进一步研究个人与社会的关系了，他认为国家是由人组成的，国家的实质也就是人的实质，而家庭、组织、社会、国家都只是人们存在的社会形式，是实现人的本质的具体载体。马克思认为："人永远是社会组织的本质，但是这些组织也表现为人的现实普遍性。因此，组织是人所共有的。"①这些观点表明，马克思对个人及社会的关系进行了唯物主义的思考，并给出了相对科学的定义。

2. 创立唯物史观雏形

到了1844年，马克思开始创立唯物史观的雏形，在《1844年经济学—哲学手稿》中，马克思对资本主义异化劳动进行了深层次的剖析，更进一步对个人与社会的关系进行了阐述。马克思总结资本主义的异化劳动中的"异"主要表现为劳动产品与劳动工人相异化以及劳动活动与劳动工人相异化，他将这两种相异化都看做是人的类本质和人本身的相异化。

马克思将共产主义看做是解决人和人之间、人和自然之间所有矛盾的根本方法，是解决个体和社会冲突的直接途径。也就是说，在未来的共产主义社会中，异化劳动将不再存在，社会不再对人进行统治，而自然会处在人的控制之下，在这样的情况下，人与社会就自然而然地完成了统一。马克思将这种个人与社会之间的辩证关系广泛运用于对未来共产主义社会的构想中。

3. 从旧唯物主义向历史唯物主义的转变

标志着马克思从旧唯物主义到历史唯物主义转变的著作是《关于费尔巴哈的提纲》，在该书中，马克思对人的本质进行了详细、科学的说明，他认为，人的本质是具有现实性的所有社会关系的集合，而不是单个个体所固有的抽象物。人无法离开历史进程而存在。此外，马克思还在《德意志意识形态》中对个人与社会的关系再次进行了阐述，在这个阶段，马克思对于人的本质的理解已经上升到了社会关系这个现实关系的角度上了，实现了从旧唯物主义到历史唯物主义的转变。

(二)马克思研究方法的转变

1. 研究方法的转变

马克思改变了研究人的本质的方法，坚持将人本身作为研究的出发点。

---

① 马克思恩格斯全集(第一卷).北京:人民出版社,1956,第293页

马克思认为,人是多种性质的统一,人的本质是自我肯定。因此,研究人性和人的本质问题必须从人本身出发,排除神学、宗教等观念的干扰,这是马克思主义向唯物主义转变的突出体现。

2.从劳动角度理解人的本质

马克思将劳动看作是将人和动物区分开来的有意识的生命活动。马克思不仅克服了自然主义本质观中机械唯物主义的片面性,而且避免了理性主义本质观的唯心主义。马克思这种从人的劳动、也就是人的实践活动的角度来理解人的本质的方法,对于整个马克思对人的本质的理论体系来说都是一个重大的突破。

3.从物质条件把握人的本质

除了从人本身以及人的实践活动两方面理解人的本质之外,马克思还主张从人的物质生活条件来了解人的本质。马克思主张从人的物质生活条件来理解人的本质是由于人们永远是处于社会关系之中的,而社会关系的形成是由于人们在社会中开展劳动和其他实践活动。从这个角度对人的本质进行定义,马克思得出"人的本质就是人的社会联系"这一结论。

(三)马克思关于人与社会的关系的理解

在经历了上述思想发展阶段,并对研究方法进行改正之后,对于人与社会的关系这一问题,马克思给出了自己的解释。

1.社会是人的社会

首先,马克思认为,社会是人的社会,没有人,社会也就不可能存在。社会的形成伴随着人的发展。人和社会之间存在互为基础、互为结果的关系。如果将社会看做一个复杂的有机体,那么社会的产生、构成及发展过程中存在的有机性完全是根源于人的有机性,是因为社会是人存在和发展的载体,因此,社会才具有有机性。因此,在任何社会的关系中还存在一个社会历史前提的问题。

马克思在创立唯物史观的时候提出,唯物史观必须从"现实的个人"出发研究人的本质以及人和社会的关系。这是因为,历史存在的前提是有生命的人的存在,因此要首先确定"肉体组织"的存在,然后再讨论受到肉体组织制约的人与社会的关系。

马克思认为,"现实的人"一定是处于一定社会历史条件中的,并且存在于一定的社会关系中。一方面,无论是何种形态、何种形式的社会,其都是人的交互作用的结果;而社会的主体只能是人,但是这些人是存在于一定的相互关系之中的,也就是说社会其实就是处于社会关系中的人本身。人处于的社会关系主要包括生产关系、家庭关系、阶级关系、政治关系、交换关系等等。这些关系的主体是个人,同时这些关系也是在个人的相互作用下产生的。因此,马克思得出结论:人是什么样,社会就会是什么样。从这个角度分析,我们不难理解,马克思定义下的"现实的人"并不仅仅是人这个个体,而是存在于一定社会关系中的人。同时,社会历史也不是别的事物的历史,而是由处于社会关系中的"现实的人"在生产和交往活动中创造出来的历史。

2. 人是社会的人

马克思认为,人是社会中的人。马克思将社会看做人存在的形式和载体,而他认为仅仅具备物质结构和功能的生命个体不能算作真正的人,真正的人是现实的人,是存在于社会关系中的人,因此,人与社会是无法分离的,只有存在在一定社会关系中并和其他人发生关联的时候,人才是真正的人。人无法脱离社会孤立地存在。

人是社会的存在物。人类存在的本质实际上是社会生存。作为社会的存在物,人的生命表现,无论是否是与他人一同完成的,都是社会生活的体现。马克思认为:"人的个人生活和类生活并不是各不相同的,尽管个人生命的存在方式必然是类生活的较为特殊或较为普遍的方式"。① 社会和个人不是对立存在的,人是社会整体中的一部分,人的个人生活方式无论是表现出其独特的个性,还是表现出一类群体的共性,在本质上都是社会生活的重要体现。

人和人的生产能力都是单方面的,但是为了满足自己多方面的需求,个人就需要和其他人进行分工合作,实现生产交换和互补,从而实现满足个人需求的目的。从这个角度上不难看出,个人只有通过在社会关系中同他人建立联系才能获得生存和发展。

从表面上看,每个人都是独立存在的个体,但是人的本质还是社会的,人并不是抽象地存在于世界之外的事物,而是构成国家、世界的元素,本质上就是国家,就是社会。除了物质生产之外,人的脑力劳动也科学研究从本质上来看也是社会的活动,这是因为我们进行脑力劳动、开展科学研究所需要的材料和条件都是社会提供的。因此,人是社会的人。

二、马克思关于人的本质的基本观点

马克思主义对人的本质问题的探讨之所以超越前人,是由于马克思提

---

① 马克思恩格斯全集(第 42 卷).北京:人民出版社,1976,第 122—123 页

出了解决问题的原则和方法,即将人的活动作为将人和动物区分开来的重要因素,从人的劳动及物质生活条件的角度对人的本质问题进行理解和探究。

马克思指出,我们可以通过意识、宗教等人为将动物和人区分开来,但是一旦人们开始进行劳动生产,那么他们就会自然而然将自己和动物区分开来。劳动之所以能成为研究人的本质的原则之一,是由于劳动是将人和动物分开的依据,是维持人类生存、推动人类发展的动力,还是贯穿于人类从产生到发展整个过程中的活动。实际上,人的生产劳动从一开始就不是孤立存在的,就是社会性的。以同样的生产方式进行生活资料的获得的人之间就产生了一种社会关系,从而推动了社会的形成。

马克思认为,人是社会存在物,人的行为,无论是个人的还是群体的,都是社会的行为。人不仅和同时代的人之间产生联系,而且和前代的人之间也会存在一种联系。既然人的活动不能完全脱离于社会,那么研究人的本质,就不能仅仅站在"人本身"的角度上,而是应当站在社会的角度上进行思考,从客观社会的角度出发,对人的本质进行研究。

马克思提出,人的本质是一切社会关系的总和,在这个概念里,社会关系不仅是人们活动的成果而且会受到人们活动的影响而发生变化,但同时又不会因为人的意志而发生转移。因此,社会关系本身就渗透着人的作用,散发出人的性质。所以人的本质并不是一种固有的自然物质属性,而是社会关系的产物。

在《关于费尔巴哈的提纲》一书中,马克思总结了人的本质的含义,他认为,人的本质并不是每个个体的固有的抽象物,而是一切社会关系的总和。马克思关于人的本质的理解是科学的关于人的本质问题的论断,同时为未来人们对人的本质进行进一步的探索提供了科学的思维方式。马克思关于人的本质问题的思想主要包括以下四方面的主要内容。

(一)人的本质是现实、具体的

费尔巴哈的观点认为人的本质是"每个人固有的抽象物",他认为人的本质是抽象地存在于人们的共同性当中的。马克思对这一观点进行了否定,虽然,人生活在世界上,比如会属于一个群体,并和这个群体中的其他人产生一定的共同性,但是这种共同性的内涵应该是具体的,而不是抽象的,这种共同性会随着不同社会以及不同的历史进程而发生改变。完全不考虑人的存在方式的问题,而是抽象地对人的本质进行理解,显然是不科学的,并且没有现实意义。因此,马克思认为,对人的本质进行探索,首先应当把人放在特定的历史条件和具体的社会关系中讨论。

（二）人的本质是由社会关系决定的

按照列宁的理解,社会关系主要分为物质的社会关系以及思想的社会关系两大类。物的社会关系通常是指生产关系,包括分配关系、交换关系等多种形式;而思想的社会关系通常是指政治关系、法律关系、宗教关系等。这两类社会关系缺一不可、互相影响、互相渗透。

每一个个人从出生的那刻开始就已经处于一定的社会关系之中了。随着人的成长,人们会经历家庭关系、地缘关系、生产关系、政治关系等等。如果一个人从出生就脱离社会关系而独立存在,那么这个人只具备一定的物质和功能,并不具备人的本质。

（三）一切社会关系的"总和"是诸多社会关系的有机统一

众多的社会关系之间存在着错综复杂的关系,不仅相互制约,而且相互渗透,因此,这些社会关系有机统一在一起共同形成了社会关系的有机统一。在这个有机统一的社会关系"总和"中,任何两个社会关系之间都不是平等的,它们对于人的本质问题的确定具有不同的意义,产生不同的作用。通常,我们将物质关系尤其是生产关系看做这个有机统一的"总和"中最基本的社会关系,它决定并制约着思想的社会关系。

（四）人的本质会随着历史的发展而发展

上文的讨论已经得出结论,人的本质是一切社会关系的总和。那么在历史的发展过程中,社会关系是在不断发生变化的,因此人的本质也不可能永远保持不变,它会随着社会生产力的发展以及社会关系的变化而不断变化和发展。

马克思主义在关于人的本质以及个人与社会的关系的问题上的讨论和研究是非常深刻的,马克思从人本身、人的劳动以及人的物质生活条件三个角度对人的本质展开研究,完全符合现代系统论中关于每一事物都存在自然质、功能质以及系统质三种特质的观点。可见,马克思主义在关于人的本质以及个人与社会的关系的问题上的观点是超越前人的科学的观点,是在实践中得到印证的正确的理论。

三、马克思关于个人与社会关系发展的历史辩证观点

马克思不仅从三个角度对人的本质进行了探讨,而且提出,人的本质是辩证发展的。按照马克思的理论,个人与社会之间的关系主要经过了三个

发展阶段,形成了三种形态,分别是人和社会的原始和谐形态、人的独立性形态以及人的自由全面发展形态。

(一)人与社会原始和谐形态

人与社会之间的和谐形态发生在生产力发展相对落后的历史时期。人与社会之间的关系的第一个形态是以人的依赖为基本特征的前资本主义社会形态,这些资本主义之前的形态又被马克思称为"最初的社会形态"。前资本主义社会形态的经济特征是不存在社会分工或缺少完善的社会分工。在这一阶段,自然经济是社会的基本经济形式。

在这个阶段,随着社会生产力的逐渐进步,人与社会之间的关系也发生着微妙的变化,最突出的体现是人的劳动活动的特点。

1. 缺少社会分工的人类劳动

人类的生产劳动推动了社会历史的形成,最开始的劳动发生在人和没有经过开发的处于自然状态下的土地之间,人们利用最简单、基本的生产工具直接从土地上获取物质资源。在这个阶段人和自然之间的关系是极不平等的,人受到自然世界的支配和制约。在这个阶段,由于滞后的生产力使得每个想要通过劳动获得生产资源的人都必须加入一定的群体或组织,通过简单的社会交往实现生产资源获取的最大化。在这个阶段,由于缺少社会分工,因此人的劳动表现出天然的融合性的特点。

2. 社会分工不发达的人类劳动

随着社会生产力的进步,剩余产品开始出现,于是在精神活动和物质活动中逐渐产生了社会分工,但最初的分工并没有进入劳动本身。在这一阶段,工具的产生成为人的本质力量确立的标志,是体现人的主体能力的重要象征。

在这种最原始的和谐形态下,人与自然界的关系是一种浑然天成的关系,人们之间形成的社会关系也只是单纯的依赖关系。因此,在这一阶段,人的状态表现出社会关系的直接性和个体的缺乏独立性两大特征。

人的依赖关系取决于自然经济的性质以及社会生产的方式,这种人与人之间的依赖关系使人的发展呈现出一种完满的现象,但是这种完满是以人与自然之间狭隘的关系以及人与社会之间贫乏的联系决定的,因此,马克思将这种存在缺陷的完满的现象称为"原始的丰富"。

(二)资本主义社会形态

资本主义社会形态是以物的依赖为基本特征的。不同于前资本主义社会形态,在资本主义社会形态中,社会生产力已经得到了大幅度发展,而社会分工也变得完善且精细。

资本主义社会以商品生产和交换为基础,随着社会需求的抽象化、活动空间的广阔化、科技技术的先进化,社会生产开始建立在较高的水平上,社会生产力也得到了巨大的进步和发展,在这个阶段,人和自然以及人和人之间开始建立起普遍的联系。

在资本主义社会形态中,个人的发展状态的变化以及社会分工的进步反映出社会的进步。

1.个人发展状态的特点

在资本主义社会形态下,个人的发展状态呈现出双重性的特征。一方面,个人在与社会和自然的关系上,摆脱了对劳动群体的依赖,获得了形式上的自由。在商品经济的基础上形成了主体间的自由和平等。另一方面,人们仍然没有彻底摆脱社会和自然,人们还是处于一定的社会关系之中的,不能对社会生产以及生活过程进行控制,还是受到物化的社会关系的控制。概括来说,资本主义的产生和社会生产力的发展并没有使人完全摆脱对自然和社会的依赖,而是为人类对于自然和社会的依赖提供了普遍基础。

2.商品经济下的社会分工

在资本主义社会形态下,社会分工在商品经济的基础上得到了发展,造成劳动者和自然之间的关系的变化,通俗来说,就是劳动者和自然的生产条件之间的关系被分离,直接劳动者可能一无所获,而没有参与劳动的人却可能成为资本家。

资本主义的私有制造成了人的自我实现以及自我实现的条件之间的分离,这和社会分工造成劳动者和自然的生产条件之间的分离的原理是一样的。劳动已经失去了作为人类自我创造活动的价值,其目的只是为了让劳动者维持生活。

此外,在这种社会环境中,历史的主体也出现了分离。一方面,人的全面发展使得个体存在出现不断片面化的趋势;另一方面,一部分人的相对发展建立在了另一部分人无法发展的基础之上。此时,"原始的丰富"已经消失,这个阶段是个人与社会关系的否定阶段。

虽然资本主义社会形态存在以上我们提到的各种局限性,但是,马克思认为,资本主义社会形态仍然是高于前资本主义社会形态的,他认为这是一种历史的进步。

(三)共产主义社会形态

随着社会的进一步发展,人与社会的关系开始呈现出共产主义的社会形态,这种社会形态是以人的全面发展为基本特征的。

经过对立和分裂,人与社会之间的关系将达到更高阶段的统一。历史牺牲了个人的历史过程,从而促进人的全面发展,同时推动了整个社会的发展与个人发展的协调性,因此,共产主义是以人的全面发展为特征的,形成和谐的个人与社会关系的理想社会。

马克思认为,在未来的社会发展过程中,在社会生产力得到巨大发展的基础上,劳动者会联合起来共同占有和控制生产资料,并在分工的前提下共同生产,劳动获得的成果由劳动者共同支配。在这样的情况下,人类自身的社会活动不再会阻碍人们对自然的认识和改造,人们可以自由地发挥自己的能力。劳动不再是人们维持生活的手段,而是变成了人的自由创造活动,体现出人类活动的完整性以及人的本质的丰富性,从而推动了人的全面发展。

显然,马克思认为,共产主义社会形态是个人与社会关系发展的否定之否定的结果,是社会生产力发展的前提下,社会由自然经济向商品经济最后向共产经济发展的结果。

在共产主义社会形态下,人们获得的自由远远超过"原始的丰富"时期;另一方面,人经过发展和劳动活动的丰富开始表现出丰富的自由个性。马克思从生产力的发展和社会的进步以及人的全面发展的角度出发,解释了社会发展的客观规律,为之后人们对人的本质以及人与社会关系的探索奠定了理论基础,也极大地丰富了唯物史观的理论体系。

四、马克思关于人的全面发展的理论

马克思理论的宗旨的人的解放,在对人类解放进行深刻的讨论之后,马克思提出了人的全面发展的学说,主张在社会形态从原始的和谐形态向共产主义社会形态的发展过程中,逐步实现社会成员的个人的全面发展。

(一)人的全面发展问题的提出

人的全面发展问题的提出最早是针对私有制条件下的旧式分工的,旧式分工造成了劳动者片面地、畸形地发展。古代社会的生产形式主要是手工生产,劳动者依靠经验积累生产技能,从而只需要付出体力劳动,而资本家只需要管理和控制劳动者就可以获得财富,这样的分工方式使得无论是劳动者还是资本家的个人发展都是片面、不完整的。

到了 19 世纪后期,随着工业革命的到来、科学技术的进步,大机器逐渐进入了社会生产的过程,社会生产的分工越来越细,经过专业分工,劳动者被分配到固定的岗位上进行机械的重复劳动。这种生产分工导致人的发展是畸形的。但是随着科学技术的发展,社会分工开展对社会化程度提出较高的要求,社会分工对于社会化程度的高要求与劳动者的机械劳动之间产生了矛盾。为了解决这个矛盾,马克思提出了人的解放,他指出,通过教育,可以帮助年轻人掌握生产系统中的各个环节,从而根据自己的兴趣选择自己的工作,这就明确地表达了人的全面发展这一思想。

(二)人的全面发展的含义

在马克思理论中,关于人的全面发展这一问题,包含了四方面的含义。

1.人的身心的全面发展

马克思曾经指出,劳动首先是发生在人和自然之间的活动,是人利用自身活动来调整和控制人与自然之间的变换关系的过程。但是,在社会生产力水平低下、生产资料私有制为主导的经济体制下,劳动是一件负担的工作,人们被限制在狭小的空间内完成重复的机械活动。因此,劳动造成人们的身心不能获得全面发展,人们的身体在不断的劳动,心却在休息。马克思主张通过教育来帮助劳动者实现身心的全面发展以及身心素质的双重提升,帮助劳动者塑造出理想的个性。

2.人的活动能力的全面发展

人的活动能力的全面发展是指人的身体与精神相统一的基础上产生的活动能力,人的活动能力的全面发展体现了人的身体与精神的协调发展,因此,可以在很大程度上反映出人的全面发展的程度。

3.个体与社会的全面发展

实现个体与社会的全面发展,是从更高的层次上对全面发展进行要求,人不是孤立地存在在这个世界上的,人总是存在于一定的社会关系之中的。人和社会之间存在着相互促进的关系,人的发展推动着社会的发展,社会的发展反过来也会对人的发展起到重要的辅助作用。因此,人的发展和社会的发展不仅是同步的,而且是一个问题的两个方面。我们不能将人从社会中分离出来讨论其全面发展,这样的研究只能是抽象的、不实际的。

人的全面发展不仅要依赖社会的高度完善和发展,而且要为社会的全面发展创造条件。可见,只有将人的全面发展和社会的全面发展这一个问题的两个侧面统一起来进行研究,才能准确掌握人的全面发展的社会历史性。

总而言之,人的全面发展只有在改造社会的过程中才能体现出来,而人的发展与社会的发展会在矛盾与统一的关系中继续互相作用。

4.自由个性的充分发展

自由个性的充分发展是马克思关于人的全面发展的本质含义。马克思认为,自由个性的充分发展要以整个民族的全面发展以及个人的自主发展为基础,表现出个人独特的性格和行为特征,主要内容包括心理品质、能力、素质等的充分发展。

马克思将人的自由个性的充分发展作为最高的社会形态的特征。因为在前两个社会形态中,自由个性的充分发展显然是不可能实现的。在前资本主义社会形态下,人的个性都被湮没了,发展更是无从说起。而在资本主义社会形态下,人们虽然都具备一定的独立性,但是由于人们变成了机器的附庸,所以他们的个性都被平均化了。只有在共产主义社会形态下,人的自由个性才有可能得到发展。这是因为,在共产主义社会形态下,个人可以控制外部世界对个人才能发展的促进作用,不会再被外部世界所控制。在这样的基础上,个人的全面性和完整性将得到充分发展,而个人的自由个性就会充分体现出来。整个社会将成为充满个性的个人的集合。正是由于人的自由个性的充分发展只有在社会的最高形态下才能实现,因此,马克思才认为自由个性的充分发展不仅是人的全面发展的根本含义,还是人的全面发展的最终目标。

五、马克思主义人生观理论在中国的发展

马克思主义是一个开放的理论体系,随着社会的不断进步,马克思主义也在不断的丰富和发展。

而要想将先进的马克思主义运用到中国的发展中,成为现代化建设和经济发展的指导思想,让马克思主义的人生观理论指导更多的人的生活,促进自身的全面发展,就需要将马克思主义与中国的国情相结合,推动马克思主义以及其人生观理论在中国的发展。

(一)马克思主义人生观理论与中国传统文化的结合

在中国,以毛泽东为代表和核心的第一代无产阶级革命家在长期革命和建设的过程当中,将马克思主义人生观理论进行了更进一步的发展,他们将马克思主义人生观理论同中华民族优秀的传统文化以及中国共产党特有的革命特征相结合,提出解放全人类是无产阶级革命的人生目的,并将全心全意为人们服务作为无产阶级的人生价值观,这种革命人生观的确立对于中国社会主义的发展和社会主义事业的建设起到了重要的指导作用。

(二)改革开放以来马克思主义人生观理论在中国的发展

在我国进入改革开放的新时期以来,中国开始了全面推进现代化建设

的进程。邓小平在立足于中国当下的时代背景的基础上,推动了马克思主义的人生观理论在中国的更广泛的发展,进一步对马克思主义人生观以及毛泽东的人生观理论进行了补充。在进一步发展中,有两点重要内容值得我们关注。

1. 强调有坚定的人生理想和信念

邓小平在发展马克思主义人生观理论的中国化的过程中强调人和国家都要树立坚定的人生理想和信念。在我国实行改革开放之后,多元的文化和人生价值观对于我国传统的人生观提出了挑战,加上我国经济实力的增强,很多人开始受到拜金主义、物质主义等的影响,人生观变得扭曲,在这种情况下,树立坚定的人生观和信念就显得尤为重要。邓小平指出,我国提出的"四有"中最重要的是要有理想,中国几十年来的革命和奋斗都是因为我们坚持着理想,有足够的凝聚力和坚定的信念。没有坚定的信念,我们的国家不可能发展成为现在的样子。

2. 强调坚持为人民服务

在发展马克思主义人生观和毛泽东的人生观理论的过程中,邓小平始终强调,要将坚持为人民服务、站在群众的角度思考问题、为群众谋福利作为我党的基本立场。群众对党提出的意见究其根本原因就是因为我们在一定程度上脱离了群众,并没有与群众同苦同乐。因此,我们必须恢复和发扬党吃苦耐劳、艰苦朴素的优良传统和作风。

毛泽东和邓小平在不同的历史时期推动了马克思主义的人生观理论在中国的发展,为新时期科学的人生观在中国的发展和研究奠定了坚实的基础。

第二节 大学生人生观教育现状与原理分析

在长期的科学人生观发展的过程中,我国越来越重视科学人生观在青少年尤其是大学生中的普及。科学的人生观有助于大学生形成科学的价值观和世界观,能对大学生的人生和生活起到积极的指导作用。因此,在大学生中开展人生观教育就显得尤为重要。目前,我国绝大部分高校都在思想政治教育中开展了大学生人生观教育,但是由于重视程度不够、教育改革不够彻底等问题,大学生人生观教育目前仍然存在着一些问题。

一、大学生人生观教育认知存在的问题及原理分析

阻碍大学生人生观教育的首要问题是教育工作者与大学生自身对人生观教育的认知存在问题。教育工作者对大学生人生观教育这一问题不够重视、大学生对人生观教育存在误区是导致人生观教育在大学生中并未完全展开的重要原因。

(一)大学领导对人生观教育不重视

教育是一个自上而下的体制,如果在这个体制中上级领导没有发挥积极的推动作用,那么具体的教育就无法得到顺利的实施和长远的发展。

在高校中,学校领导虽然在各种公开场合重复强调思想教育、道德教育的重要性,但是却不能将其落在实处,在这样的情况下,作为思想道德教育中的组成部分——人生观教育也很难在高校得到重视和发展。

高校领导往往只关心自己的政绩以及学校的"面子",虽然经常冠冕堂皇地在各种场合大肆宣扬思想道德教育在高校教育中的重要地位,强调在大学中开展科学的人生观教育的必要性,但是内心却并没有将其看做非常重要的问题,在实践中也并没有将其付诸实际。

高校领导的不重视导致了高校思想道德教育教师在学校内地位的不重要,造成思想道德到课率的降低,同时,由于高校领导对思想道德教育及人生观教育这一学科的忽视,大学的思想道德教育教师根本无法获得教研经费、考察经费,想要评定职称、获得补贴更是难上加难。

总之,由于大学领导对思想道德教育及人生观教育的不重视,造成许多高校的人生观教育理论课程只能流于形式,对学生根本无法起到实质的帮助的指导作用,科学的人生观理论无法成为大学生重视的课程,也无法真正起到实践作用。

(二)大学思想道德教师缺乏对人生观教育的认识

除了学校领导对人生观教育的重视程度不够之外,大学进行人生观教育的思想道德教师也缺乏对人生观教育的正确理解和认识。这个问题主要表现在具体的两个方面。

1.教师对人生观教育的重要性认识不足

大学教师缺乏对人生观教育的认识首先表现在思想道德教师对人生观教育的重要性认识不足,思想道德教师认为人生观教育只是思想教育学科中的一小部分,思想道德教育课程本来就不是大学课程中的重点学科,没有

专业课重要,人生观理论的教育更是如此。在这样的理解下,老师通常就不会认真对待人生观教育这项内容,在备课、教课过程中也没有做到尽心尽力。教师的不认真直接导致了学生学习兴趣和积极性的下降。还有的老师不顾及自己的言行举止对学生的影响,在公开课堂上大肆宣扬自己对人生观理论的不科学认识,这在很大程度上给学生带来了负面影响,使学生产生对人生观理论的错误认识,对于落实科学的人生观教育更是百害而无一利。

2. 教师的整体素质有待加强

在目前我国高校的思想教育中,对大学生进行人生观教学的老师主要分为两大类。一类是从思想教育相关专业毕业的学生,另一类是长期在学校进行思想政治教育工作的行政人员。这两类老师在具体的教学过程中都具有自己的特点,同时也存在一定的缺陷。

首先,从思想教育相关专业毕业的学生在毕业之后就进入到大学进行教育工作,缺乏基本的社会经历,因此容易出现理论知识与现实社会脱节的情况。尤其是人生观理论的教育工作,科学的人生观形成于客观的现实基础,没有丰富的社会经历做基础,刚刚大学毕业的老师缺乏对人生观充分的认识,那么也就很难为学生解疑答惑。

其次,长期从事思想教育工作的学校行政人员并没有经过系统的思想道德教育的培训,缺乏专业的理论知识,虽然在长期的工作中他们积累了大量的教学经验,但是理论知识的匮乏还是会成为阻挡他们达到良好教学效果的阻碍。

(三)大学思想道德教师缺乏对思想教育理论科研的认识

大学思想道德教育老师,尤其是专门从事人生观教育的教师普遍认为,思想道德或者是人生观理论只是纯粹的理论知识,只需要按照文件要求和长期发展形成的理论体系进行教学就行,完全没有科研的必要。因此在大学中常常出现教师或学生想要发表对人生观认识的专著却无处投稿的窘状。但是实际上,正是由于人生观是一门理论学科,它恰恰需要进行积极的科研,因为理论与现实是分不开的,是随着社会的进步而发展的,因此,理论知识会不断发生变化,这就需要教育人员积极对理论知识进行不断地探索,将理论联系实际,推动理论发展的同时,也提高人生观理论的教学质量。

(四)大学生对人生观教育理解不够

对于思想政治教育及人生观教育认识不够的还有教育的客体——大学生。大学生通常认为,人生观是人人都有的东西,不需要接受教育也不会就形成不了。而且人生观教育是公共理论课,相对于专业课来说显得非常不重要,只在考试之前"临时抱佛脚"就可以通过考试,这门课学的好坏并不会影响自己的专业知识的掌握和前景。因此,在人生观理论知识的教学过程中,课堂上经常会出现老师在台上有嘴无心地讲,学生在台下做着自己的事情。这种情况的普遍存在是人生观教育无法在大学校园里受到重视的重要原因,也是大学生出现人生观扭曲的诱因之一。

二、大学生人生观教育内容存在的问题及原理分析

除了在理念上存在认识不足的问题之外,大学生人生观教育在内容上也存在一定的缺陷。人生观是一种理论体系,理论来源于客观现实,因此,随着社会的发展和经济的进步,人生观理论也应该随之发展和改变。但是我国大学生教育中的人生观理论知识很难跟上社会发展的步伐,这在很大程度上限制了人生观理论教育在大学中的推广和普及。大学生人生观教育内容上存在的问题主要表现在以下两个方面。

(一)教学内容滞后

马克思主义强调社会存在源自于社会意识,有了客观实践作为现实基础,社会意识才有可能存在。而社会意识会反过来作用于社会实践,也就是说,科学的理论会对社会发展起到指导意义;科学的社会意识会随着社会的进步而发展,并且会反过来促进社会的发展。

人生观理论也是社会意识的组成部分,人生观理论内容也应该随着国际和国内社会的进步而发生变化而发展,要想让科学的人生观对大学生的生活和未来工作起到一定的指导作用,就需要及时将最先进、最科学的人生观理论传输给大学生。但是目前我国高校普遍存在一个问题,就是人生观理论教育的内容滞后于社会发展;滞后于经济增长;滞后于国内外形势的变化。我国高校的人生观教育没有做到根据社会的发展和形式变化的趋势对教育内容进行及时地修改和创新。

人生观教育内容的这种滞后性使得大学生的人生观理论教育缺乏针对性,缺少时代感,无法指导大学生的实际生活,无法适应时代发展对大学生提出的新要求。

同时,人生观理论教育内容的这种滞后性也导致了人生观理论无法在问题处于萌芽阶段时就将其解决,当种种问题无法在刚出现时就得到解决时,可能就会越来越根深蒂固,从一个小问题变成影响大学生人生观教育的障碍。

（二）教学效果达不到预期目标

大学生人生观教育的目的是帮助大学生建立科学、正确的人生观，从而形成科学的世界观、价值观，对大学生的生活起到一定的指导作用。但是各个大学中人生观理论内容的滞后、片面、不完整导致这一目标很难实现。

人生观理论教育内容的缺失导致在面对大学生的具体问题和国内外局势的新变化时，人生观教育无法找到理论来源，也无法了解大学生的真实想法，更不要说通过人生观教育给大学生的人生提供帮助，因此，在面对一个个现实且具体的问题时，缺失的人生观理论教育将起不到任何作用。

人生观理论教育内容的错位以致把人生观教育看作一个纸上谈兵、空有道理的理论，而不是结合实际，从现实出发，真正站在大学生的角度上思考问题，给大学生的人生指引方向。

人生观理论教育内容的滞后和片面使得人生观理论总是无法从全面、客观、完整的角度对问题进行剖析，而是只能从片面的角度思考问题，这样的教育根本无法说服需要科学理论指引的大学生。

教学效果的达标以教育内容的完善为前提，只有人生观理论内容随着社会的发展而进步，才能真正对大学生起到指导和引领方向的作用。只有完整的教育内容才能帮助大学生形成科学的人生观、价值观和世界观，从而保证我国社会主义事业在未来的发展。

三、大学生人生观教育模式存在的问题及原理分析

除了在理念和内容上存在缺陷之外，大学生人生观教育停滞不前的另一个重要原因是教育模式上存在的缺陷。大学生人生观教育模式的局限性在很大程度上制约了大学生人生观教育的发展。

（一）重理论轻能力

在大学生人生观教育中，教师大多将人生观理论作为思想道德培养的组成部分，认为只要将理论知识传授给学生就可以了，实际上这种观点是非常片面的。

马克思主义是一个具有科学性和完整性的理论体系，作为马克思主义理论的重要组成部分，科学的人生观不仅具有科学性，它揭示了人的本质以及人生活在这个世界上的意义；同时，科学的人生观还具有相当的价值性，体现在可以指导人们的全面发展，帮助大学生建立起科学的价值观和世界观，更好地认识世界、改造世界。

　　帮助大学生掌握科学的人生观的相关理论知识，树立健康、科学的人生观是大学生人生观教育的核心目的，学习理论知识和树立科学人生观是两个同等重要的目标，两者相互影响、互为前提。任一方面的忽视或缺漏都有可能造成另一项目的无法达成。尽管这些道理浅显易懂，但是一旦落到实际就很难实现。

　　在我国大学生教育中，人生观理论知识的传授往往只占据了大学生思想教育中很少的一部分，思想教育已经是大学生教学中一门课时极少的学科了，更不用说人生观教育了。因此，想要在较少的课时内完成教学，教师们往往都会压缩理论内容，将大量时间花在给学生讲解理论知识上，而忽略了与学生进行沟通和交流，这样导致的结果是，往往一学期或一学年之后，教师根本不知道学生们的真实想法和态度，在这样的情况下，教学很难帮助大学生提高能力，并培养他们的创新意识。

　　实际上，只有让大学生在掌握理论知识的基础上学会解决问题的方法、提高解决问题的能力，才能真正帮助大学生形成优秀的品格。同时，只重视理论知识而忽视了能力培养，这在本质上也和开展大学生人生观教育的目的相违背。大学生人生观教育开展的目的并不仅仅是进行理论知识的传播，而是引导大学生在现实中解决问题的过程中形成科学的人生观、价值观和世界观。

（二）重理论阐述轻现实研究

　　作为完整的马克思主义的组成部分，科学的人生观能帮助我们形成正确的人生观、价值观和世界观，给我们认识世界、改造世界提供理论基础和指导。大学生人生观教育也是如此，不仅要重视理论知识的传授，而且要注重通过教学培养大学生在现实中认识问题、解决问题的能力。

　　但是在实际教学中，很多教师都将人生观教育停留在理论层面上，没有将理论与实际结合起来，虽然较深层次地对理论知识进行了剖析和阐述，但是却并没有从实践角度分析理论知识的用法，这导致的结果是，学生在课堂上只听理论知识觉得乏味至极，就算是掌握了理论知识的学生也不知道要怎样将理论运用到实际中，帮助其解决具体问题。

　　综上所述，我们可以总结出，大学生人生观教育在教育模式上存在简单重复、纯理论传授、缺乏联系实际的问题，这造成大学生无法将在课堂上学习到的理论知识运用到解决实际问题中。

四、大学生人生观教育队伍的问题及其原理分析

除了上述提到的问题之外,大学生人生观理论教育在教学队伍上也存在一些问题和缺陷,主要表现在以下几方面。

(一)教学队伍不合理

教学队伍不合理是大学生思想政治教育以及人生观理论教育中一直存在的问题。虽然近年来我国对于优化教学队伍的结构进行了合理的控制和管理,大学生人生观教学队伍的素质普遍得到了提高,但是还是存在不合理的问题。比如说,在大学生人生观教育队伍中,高学历的教学者越来越多,但是平均学历还是很低,而且缺乏专门从事人生观理论研究的领军人物和学者。此外,在学科教师的职称结构上,思想政治教育教师的教授明显少于各门专业学科的老师。

(二)教师素质不均衡

大学生人生观教育教学队伍的问题中还有一个显著的问题是教师素质的不均衡。

从人生观教育的教学目标来看,教学者不仅应当具备专业的理论知识,而且应当掌握与其相关的心理学、教育学等相关知识,但是就我国大学教育的目前情况来看,我国大学生人生观教育教学队伍的素质参差不齐,整体素质不高。经过专业思想教育的教师由于无法确定自己未来教学道路的发展前景,因此完全没有积极性;而党政机关和从事思想教育工作的工作人员虽然具有丰富的经验,但是缺乏专业的理论知识和专业的培训,无法较好地将理论传授给学生。总结起来就是,专业的教师缺乏实践经验,而具有丰富实践经验的老师又缺少专业知识,这在很大程度上影响了大学生人生观教育的持久发展。

(三)教师职业道德水平有待提高

随着改革开放的不断深入和我国市场经济体制的不断完善和发展,经济成分的多元化以及教育体系的社会化导致教师的价值取向已经发生了很大的改变,教师与教师之间的不平衡感越来越严重,有些老师认为自己的付出并没有获得应有的回报,因此对教学表现出马虎的态度,这是万万不可取的。

此外,一些大学教师的拜金主义、功利主义的思想倾向严重,只想要获

得高额的收入,而不将心思放在教学上,因此也影响了教学效果的提高。

综上,我们可以看出,很多教师自身不具备很强的责任感,没有重视教育在当前国家发展中的重要作用,教书不育人、教人不律己,缺乏基本的奉献精神。因此,在未来的发展过程中,加强对教师职业道德的提高和重视也是加强人生观教育的重要环节。

第三节　当前大学生人生观教育面临的挑战

我国高等院校在改革开放之后就开始开展思想政治教育,并将人生观教育作为其中的重要内容。但是随着社会的发展,国内外政治、经济形势的变化,大学生人生观教育也开始出现一些问题,并且需要直面一些新的挑战。

一、大学生人生观教育的环境变化

新挑战是源自于新环境,正是由于国内外形势的新变化,导致大学生人生观教育要面临新的挑战。大学生人生观教育的环境变化主要表现在以下几个方面。

(一)社会信息化

大学生人生观教育面临的第一个环境变化就是社会信息化。随着社会的发展,科学技术不断进步,网络和电子设备已经渗透进我们日常生活的方方面面。社会信息化就是科学技术全面发展的重要表现之一。社会信息化是指通过现代技术和网络设施将信息资源充分传递到社会发展的各个方面。信息化是从有形的物质产品创造价值向无形的信息创造价值的阶段的转变,也就是从以物质生产和消费为主转向由精神生产和消费为主。

相关调查数据显示,目前,我国正处于从被动应对全球社会信息化向主动发展信息化转变的关键阶段,中国的经济增长和社会发展为信息化的发展提供了基础和前提。

大学生是对信息最敏感、最渴望的群体,是社会信息化的主动参与者和推动者,因此,社会信息化不仅会对大学生的思维方式产生影响,而且会给大学生人生观教育带来挑战。

(二)经济全球化

经济全球化目前已经成为世界经济发展的必然趋势,也是各国经济发展一直以来的外部环境。经济全球化不仅给人类的经济发展创造了条件和机会,而且也给经济发展带来了前所未有的挑战和风险。

党的十七大明确指出,要想在社会主义初级阶段最大限度地发展经济就必须要认清经济全球化给我国带来的机遇和挑战,认清经济全球化的发展现状。由此可以看出,经济全球化已经成为目前世界经济发展的特征,它是连接中国和世界的纽带和桥梁。

研究经济全球化对我国的影响,我们要注意以下几个问题。

1. 经济全球化的本质和现象

从本质上来看,经济全球化的产生基础是市场经济体制,先进的科学技术和社会生产力是经济全球化发展的手段和途径,经济效益的最大化是经济全球化的最终目标,经济全球化就是一个以国家为主体,利用发展手段,在市场经济的基础上实现经济效益最大化的过程。

从现象上来看,经济全球化就是超越国界范围的经济活动,通过对外贸易、资本流动、服务交易等实现。

2. 经济全球化对我国的影响

在经济全球化的过程中,一国的经济震动就会给其他各国带来或大或小的影响。比如说,美国的经济危机就使得包括中国在内的很多国家发生了经济震荡。由于经济全球化,西方的政治强权能够对我国的政治和军事格局产生影响;同样也是由于经济全球化,我国能从西方国家处获得更多的经济发展的机会。

不难看出,经济全球化对我国的影响有积极的方面,也有存在风险的方面。中国的发展离不开经济全球化,但是在经济发展的过程中,我们要做好迎接西方文化挑战的准备。

3. 经济全球化对大学生人生观教育的影响

经济全球化是世界经济、科学技术高速发展的必然结果,不会以人的物质为转移。对世界来说,经济全球化已经不是一个选择,而是一个现实问题,是关于如何在公正、平等、共存的前提下实现共同繁荣的问题。

经济全球化呈现出了经济发展的新特点,这会在一定程度上影响大学生的行为和思想,因此,在进行人生观教育时,要紧扣现实,将经济全球化产生的积极意义传输给大学生,同时引导学生避免由于经济全球化产生的消极影响。

(三)经济市场化

我国经济体制的改革目标是建立并完善具有中国特色的社会主义市场经济体制。从改革开放以来,我国已经逐渐建立起市场经济体制。改革开放以来三十多年的市场化改革,促使我国经济迅猛发展,经济实力和综合国力都有了明显的提升。

中国的经济市场化给社会带来了深刻的影响,从而间接影响了大学生人生观教育的方向和方式。我国的经济市场化对社会的影响主要表现在以下几个方面。

1.社会结构呈现多样化

经济市场化造成了我国社会结构呈现出多样化的特点。这主要是由于经济成分和经济利益的多样化决定的,而社会结构的多样化具体表现为社会阶层的多样化,社会阶层的多样化又会进一步推动人们生活方式、思想模式以及行为方式的多样化。

2.经济管理体制的方式的变革

随着我国经济市场化的发展,我国的经济管理体制和管理模式也经历了一系列的改革。政府逐步取消了对经济生产的指令性控制,转而让市场对生产进行制约,让企业能够自己决定产量。政府放开了对价格的管制,中介组织的出现导致政府对市场和价格的行政干预的作用下降。

3.中国经济市场化成果丰硕

在经济市场化的环境之下,我国的经济市场化改革取得了重大的成果,市场开始在资源配置中发挥作用。多种所有制经济共同发展取代了单一的所有制经济形式。国有企业的市场化程度得到了明显的提高。非国有制经济得到了大幅增长。

(四)文化多样化

文化在社会的发展中和社会交往中给人们生活方式的建立和思维习惯的养成具有重要的影响作用。文化本身就是丰富多彩、多种多样的。21世纪以来,人类文化的发展进入了新阶段,文化交往全球化将成为全球历史进程的必然过程。

在全球化已经在各个领域得到发展的历史时期,尊重各民族的文化习俗,加强不同文化之间的相互尊重、相互学习,推动各种文化之间的各种相互融合,促进世界范围内多样化的文化格局的形成。

随着我国改革开放的深入,科学技术的迅速进步为我国多样化文化格局的形成提供了坚实的基础。生产力的发展成为文化多样化的推动力。而社会经济成分、就业形式以及社会利益关系的多样化发展，社会精神文明生活和文化也趋于多样化。文化的多样性是对最广大人民对文化方面需求的增强的最好体现，是人民精神世界和个性特点的多样化的表达。文化的多样化是改革开放的必然产物，同时也是顺应我国改革开放、时代进步的趋势的结果。

文化多样化主要表现在以下几方面。

1. 主文化、亚文化以及负面文化的共存

文化的多样性首先表现在主文化、亚文化以及负面文化在文化市场中的共存上。主文化，是指在社会中占据主导地位的文化，体现了一国的根本价值观。亚文化，是指不在整个社会中占据主要地位，而只在特殊群体中受到推崇的文化，体现了在社会转型加速期社会价值观念的分化。负面文化就是指完全与主文化相反的文化，并且对于人们的日常生活起不到积极作用。

2. 传统文化、西方文化以及当代马克思文化共同发展

文化的多样化不仅体现在国内各种文化的共存上，而且体现在国内外多种文化共同发展的特征上。当代中国的先进文化，是在继承和发扬我国传统优秀文化的基础上，代表最广大人民根本利益的文化，是以马克思主义为指导思想的文化。当然，在我国先进文化的发展过程中，难免要摒弃我国传统文化中糟粕、消极的部分，并积极吸取国外优秀文化的精髓，从而促进我国先进文化的发展。

我国当代文化的多样化表现出传统文化、西方文化以及当代马克思主义文化共同发展的趋势。传统文化就是指在进入现代社会之前，我国经过长期的发展和历史沿革所形成的独有的文化。传统文化经过长久的发展和继承，成为规范人们行为习惯的共同精神，并对人们价值观的形成和思维方式的养成具有重要的引导作用。西方文化就是指最早在欧洲形成，并且逐渐在欧洲、北美洲以及澳洲等地区盛行的文化。从本质上来看，西方文化是一个个体文化，相对来说，东方文化是一种整体文化。当代马克思主义文化就是指将马克思主义联系中国实际，形成的一种具有中国特色的马克思主义文化。

在经济全球化的大环境下，社会避免不了向多极化发展的趋势，而随着科学技术的发展、各地区之间开放程度的提高以及网络时代的来临，文化多样性将是经济全球化、社会信息化等带来的必然结果。

在当今的社会环境中，文化的多样化不仅丰富了社会文化的内容，而且满足了人们对于精神文化不同层次、不同类别的需求。同时对人们来说是一次强烈的精神冲击,尤其对于价值观念尚未完善的大学生来说,在这样文化迅猛发展的时代,要形成科学的人生观和价值观是不容易的事情,这也给大学生人生观教育带来了挑战。

二、大学生人生观教育面临的挑战

前面我们对当前人生观教育的环境形势和变化进行了详细的分析,通过分析,我们可以总结出,当前大学生人生观教育的外在环境概括起来存在经济全球化、经济市场化、社会信息化以及文化多样化等趋势。这些环境的变化趋势也为大学生人生观教育带来了一定的挑战。

(一)社会信息化带来的挑战

社会信息化改变了人们获取信息的方式,作为社会信息化发展较先进的西方国家,信息技术和网络技术的发展成为其谋求在国际社会上更高的社会地位的工具和手段。而对于我国来说,如果一味容忍西方国家利用技术方面的优势对我国的社会秩序进行干扰,将有害信息传播到我国,那么就会给大学生带来强烈的冲击,大学生会面对与他们价值观念完全不相符的信息和消息,在这样的情况下,维持大学生价值观念的稳定,引导大学生形成科学的人生观、价值观、世界观,正确认识这些信息就显得尤为重要。

信息化进程的推进使人们获取信息的途径变得广泛、方式变得先进。信息传播的方式也逐渐向多样化发展。在大学生教育中,由于社会信息的广泛传播,大学生们接收到的信息可能会存在很大的差异,这就会导致学生们越来越具有自己的个性,形成属于自己的行事风格和思维方式,这对大学生人生观教育提出了极大的要求,引导他们怎样面对价值观念和认识世界的方式完全不同,并给他们的人生提出建议和帮助。

网络是一把"双刃剑",互联网技术的不断发展导致了相关的法律规范制度并不能完全跟上节奏,这就会造成很多大学生在网络环境中出现行为不规范以及心理异常等问题。在网络环境中管理力度的薄弱使得网络行为得不到有效制约和监管,纵容了某些大学生自我意识的膨胀和道德责任的缺失。这些问题都是大学生人生观教育队伍需要考虑和面对的问题。

(二)经济全球化带来的挑战

无论从客观还是从主观来理解,经济全球化都对我国大学生人生观教育造成了一定的影响,并带来很大的挑战。

从客观现实来看,经济全球化已经成为西方资本主义国家试图将西方国家的意识形态强加到世界其他国家的手段和工具;而从主观意图来看,西方国家利用经济全球化使得中国大量引进西方科学技术,目的就是为了"分化"中国。

在经济全球化的背景下,西方的意识形态表现出新的渗透方式,手法不断创新,并且越来越具有欺骗性。这样的状况对我国大学生人生观教育也产生了一定的影响。首先,大学生教育需要面对西方发达国家的先进科学技术以及现代化高素质的教育水平的挑战;其次,对于西方意识形态不断渗透进中国,导致我国大学生产生各种不健康、不科学、违反我国艰苦朴素优良传统的价值观的问题,人生观理论教育也需要加大重视和解决力度。

(三)经济市场化带来的挑战

改革开放以来,我国社会主义市场经济得到了空前的发展,社会主义市场经济体制也得到了完善和健全,市场经济的发展同样对大学生人生观教育提出了一些新的挑战,具体表现如下。

1. 国内政治、经济局势的变革

随着市场经济在中国的发展,我国国内的政治、经济形势也开始表现出新的特点。在这样的环境下,各种无论对错的社会思想应运而生,混淆人们的视听。在这些社会思想中,既有以马克思主义为指导的积极思想,同时也有违反马克思主义科学理论的消极思想、帮助大学生形成科学的人生观、树立正确的价值观,正确认识这些思想和观点,是大学生人生观教育工作者当下应该努力的方向。

2. 市场经济发展过程中暴露出一些弊端

在市场经济不断发展的当下,虽然我国经济和综合国力都得到了提升,但是不可否认的是,市场经济体制的发展仍然暴露出一些问题,比如,市场经济自身的局限性决定了其可能诱发拜金主义、享乐主义和利己主义等思想的出现。在这些思想对我国传统的以最广大人民群众利益为根本原则的思想造成了冲击的同时,国外资产阶级腐朽的思想文化乘虚而入,这对大学生思想政治教育及人生观教育带来了一系列挑战。由于这些思想的出现,大学生开始出现一些不健康的心理倾向,比如投机心理等,这些心理会指引大学生养成不良的行为方式。大学生人生观教育工作者必须时刻对学生的行为和思想进行关注,发现问题时,要以正确的人生观和价值观加以引导。

(四)文化多样化带来的挑战

文化多样化发展也给大学生人生观教育带来了一定的挑战,主要表现在以下两方面。

1. 对价值观念的挑战

首先,文化多样化的发展趋势对我国传统的价值观念带来了冲击。改革开放以来,社会实践推动了我国人民思想观念以及价值观念的多元化发展。市场经济的发展导致了不同利益群体的产生,这些不同的利益群体又产生了属于自己的独特的价值观念。大学生们从小生长在存在不同价值观念的家庭环境和校园环境中,受到不同价值观念的影响,必然会出现价值观念矛盾的问题。同时,大众传媒的发展为这些不同的价值观念提供了传播的平台,各种文化在传播媒体上以各种各样的形式传达到大学生口中和耳中。大学生们缺乏对文化优良的鉴别能力,因此会形成消极的、不科学的、违背客观规律的价值观。这就需要大学生人生观教育学科的教师在教学过程中注重对科学理论知识的传授,引导大学生纠正错误的价值观念,在形成科学人生观的基础上建立正确的价值观,指导学生更正确、客观地看待这个世界。

2. 对我国传统主流文化地位的挑战

文化多样性的发展趋势对于我国传统主流文化的地位也是一大挑战。经济全球化的发展以及信息化在全球范围内的蔓延,不同思想文化之间的碰撞在所难免。在任何思想文化交流、互动的过程中,总是处于高势位的文化掌握着交流的主动权。这种交流形式决定了文化交流的不平等性。

在世界文化交流的过程中,我国文化并不是处于高势位的一方,因此在文化交流的过程中不可避免地会被西方主流文化控制。因此,在大学生人生观教育中,我们要重视大学生对思想文化的认识和理解,帮助他们建立起对中国传统的民族文化的自信,以防止文化多样性导致的我国传统文化社会边缘化的现象。

(五)马克思主义理论可信度受到质疑带来的挑战

上述四个挑战的来源都是国内外的环境变化,对人生观教育会产生间接的影响。而马克思主义理论可信度受到质疑给大学生人生观教育带来的挑战则是更加直接的。

大学生人生观教育的理论思想来源于科学的马克思主义理论体系,但是当学生们感受到课堂之外的社会与教师描述的马克思主义理论之间存在的差异时,就会对马克思主义理论产生质疑,从而怀疑马克思主义理论倡导的人生观的科学性,这在很大程度上影响了人生观理论的教学效果。

第三章　人生观教育的重要内容

人生目的作为人的生命存在和活动的总目标，它的确立成为人们实践活动的前提，左右着人生道路的方向。这也就是古往今来的思想家们为什么把人生目的问题看做人生观的核心的原因所在。人生观，人皆有之。人生观是对人生的目的、意义和道路的根本看法和态度。人生观教育的主要内容包括爱国主义教育、理想信念教育、生命观教育、职业观教育、审美观教育和诚信教育。

第一节　爱国主义教育

"千古英雄，爱国同怀赤子之心。"千百年来，中华儿女忠诚地履行自己对祖国的责任和义务，并在爱国、兴国、报国的伟大实践中实现自己的人生价值。爱国是一个古老而崇高的话题。爱国主义是中华民族的宝贵精神财富和优良传统，是中华民族生生不息、发展壮大的精神动力。

大学生是国家和民族的希望，是实现全面建设小康社会的主要力量，他们爱国情感的强弱，将直接关系到社会的进步和发展，关系到整个国家和民族的前途和命运。因此，必须强化爱国主义教育，以增强他们的民族自豪感、自尊心、自信心和自强精神，增强他们的爱国热情和报国之决心，在实现中华民族的伟大复兴中贡献力量。高校要注重对大学生的爱国主义教育，引导学生严格要求自己，对于反人类、反社会的言论要予以剔除，以免蛊惑人心，颠倒黑白，混淆是非对错。

一、爱国主义教育的作用

（一）有助于高校大学生培养高尚的道德情操

爱国主义是一种高尚的道德情感，这种情感集中表现为对祖国的山河、同胞、物质财富和精神财富的无限热爱；对祖国历史、文化、语言和优良传统的高度的自豪感；对祖国前途、命运的无比关心；个人的前途命运与祖国的前途命运紧密联系在一起,为祖国的独立富强而宁愿奉献一切的志愿。爱国主义又是一种道德规范,它要求人们把爱国、报国、救国、兴国、强国看做崇高的美德,而把卖国、辱国、祸国、乱国、叛国视为对祖国和民族的丑恶行为。

(二)有助于高校大学生坚定中国特色社会主义的信念

今天我们讲爱国主义,不仅仅表现为热爱祖国的山河、历史和文化遗产,而且更重要的表现为热爱我们的社会主义制度热爱中国共产党及其领导下的各族人民,热爱社会主义现代化建设,维护国家的团结统一。在当代中国,爱国主义与爱社会主义在本质上是一致的。爱党、爱国、爱社会主义是统一而紧密联系的整体。在改革开放与现代化建设的新时期,建设中国特色社会主义是爱国主义的必由之路,在大学生中开展爱国主义教育可以使大学生更加热爱社会主义,热爱中国共产党,有助于使大学生把个人的前途命运与祖国的前途命运紧密联系在一起,为国家的独立和民族的富强尽心尽力地付出与奉献。

二、爱国主义教育的内容

(一)中华民族的文明历史

历史是不能割断的,只有懂得历史才能正确地了解现在和展望未来。我们要讲中华民族发展史中的曲折,更要讲近百年来我国的屈辱史,讲现代中国革命史,讲新中国的艰苦创业史,使人们懂得,特别是使当前的大学生懂得,新中国来之不易,社会主义建设成就来之不易,让人们知道我们国家有今天,多少先烈付出了鲜血和生命,亿万人民进行了多么艰巨的劳动。还应当注重讲杰出人物个人的历史,讲杰出人物、英雄模范的奋斗史、贡献史。因为这样的史料最真切,最实际,也最感人,同时又包含着这些人物的世界观,也最容易引人效法、学习,具有潜移默化的作用。学习革命先烈为了共产主义的实现而不惜抛头颅、洒热血的精神,学习新时期各条战线上涌现出来的先进人物和事迹,能够使大学生更好地认识过去,立足现在,展望未来。

(二)中华民族优秀传统文化教育

中华民族是一个有着五千年悠久历史的伟大民族,我们的祖先通过世世代代的辛勤劳动创造出了光辉灿烂的历史文化,这是我们中华民族的历史瑰宝,是对大学生进行爱国主义教育的重要内容。古老的《书经》中,周武王在《泰誓》里就提出"民之所缺，天必从之"的思想，强调要尊重人民的意愿和要求。古老的《周易》和《老子》充满辩证思想，至今为世界许多国家所研究和运用；智育《孙子兵法》和我国古代其他许多兵家的著述，至今被许多国家的军事学院定为必读书，而且被广泛应用于企业和市场竞争，显示出它们的无限生命力。在近代，我们落后了，但在新中国成立不久，我们自力更生制造出"两弹一星"。我国在尖端科学、尖端医学等方面，有许多重大突破，居于国际领先地位。在当代，随着全球化浪潮的兴起，具有不同历史传统和民族特色的文化之间的碰撞和交融将更加广泛、更加频繁、更加激烈、更加深入。一个国家在全球化浪潮中能否保持其优秀民族文化，不仅关系到本民族文化的生存与发展，还关系到国家的命运和前途。特别是一些西方国家借全球化之际，凭借其雄厚的经济实力和信息高科技优势，打着"文化全球化"、"文化一体化"的旗号，大肆推行文化殖民主义，以达到损害别国本土文化的目的。因此，我们引导大学生继承和发扬中华民族优秀文化传统，培养大学生对民族文化的热爱和认同，增强大学生的民族自尊心、自信心和自豪感，使大学生在西方文化霸权主义面前，自觉保护和弘扬本民族文化，维护国家的利益。

(三)保护国家安全教育

国防素质是每个大学生应当具备的基本素质之一。当代高校大学生作为社会主义事业的建设者和接班人，要不断增强国防观念，心系国家安危，肩负起保家卫国的重任。在当今和平与发展的时代主题下，在总体国际局势缓和的态势下，局部的冲突还是有的，特别是恐怖主义危害上升，霸权主义和强权政治有新的表现。我国在和平发展道路的征程中，会遇到各种风险和挑战。我们在集中精力搞发展的同时，必须大力加强国防军队建设，为捍卫国家主权、领土完整，维护国家利益提供有力的保障。大学生是社会主义现代化建设的有用人才，同时也是国防建设的后备人才，必须具有很强的国防观念与忧患意识，积极关心国防、热爱国防，努力为国防和军队现代化建设贡献智慧和力量。

(四)民族平等团结教育

中国是一个多民族国家，对大学生进行深入的民族平等团结的教育对维护民族团结和国家的稳定是非常重要的。我们国家共有 56 个民族，虽然各民族的人数有多有少，并不均衡，但是各民族之间相互依存，不可分割，并无高低贵贱之分，每个民族都享有相同的权利，履行相同的义务。民族平等团结教育主要包括以下方面内容。

　　首先要让他们明白 56 个民族都是优秀的、勤劳的、富有智慧的民族,民族之间没有优劣之分、贵贱之别,谁也离不开谁,各民族都享有平等的权利、履行相同的义务;还要让他们明白只有加强民族团结,才能消除民族隔阂和民族歧视,真正地实现平等。民族团结也是实现国家统一的前提和保证,要让他们了解到民族平等和民族团结是社会稳定、国家昌盛和民族共同繁荣的基础,中华民族是一个同呼吸、共命运的整体,合则兴,分则衰。

　　其次,对大学生进行民族区域自治制度教育,旨在对他们进行民族基本制度教育,在国家的统一领导下,少数民族在聚居的区域内设立自治机关,自主地管理本民族本地区内部事务,行使自治权,从而体现其主人翁地位,发展平等、团结、互助的社会主义民族关系。民族区域自治制度是实现民族平等、民族团结和各民族共同繁荣的法律保障。

　　再次,对大学生进行各民族共同繁荣的教育,要让他们认识到民族地区的现代化与全国其他地区的现代化、民族地区全面小康的实现与全国其他地区全面小康的实现是密切联系,相互促进的,各民族的繁荣将使中华民族立于世界民族之林,各民族地区的繁荣将使整个国家的社会主义现代化实现;要让他们认识到各民族共同繁荣是指各民族在政治、经济、文化和社会等各方面得到全面发展进步,而不单单指某一方面;要使他们认识到经济发达民族和地区帮助少数民族和民族地区发展经济文化事业是责无旁贷的义务,从而实现共同发展。

　　总的来说,弘扬爱国主义精神是中华民族的光荣传统,也是每个中国人的责任与义务。高校除了要做好爱国主义课堂教学工作外,更应当利用网络媒介建立爱国主义教育示范基地,积极宣传爱国主义精神,面对社会发展多样化的趋势,引导学生坚定自己的社会主义立场。以先进的思想政治教育理念代替落后的思想,使爱国主义精神成为推动祖国走上繁荣富强道路的巨大力量。作为高校人生观教育体系的重要内容,爱国主义教育体现了社会主义精神文明建设的主旋律,明确实现大学生全面发展这一总体目标是为了推动社会主义现代化建设,爱国主义教育具有划时代的历史意义。

第二节　理想信念教育

　　理想与信念的问题是人生观教育的核心内容。通过理想信念的教育,把人民群众团结起来,为共同的目标而奋斗,是人生观教育的光荣使命是历史传统。在我国改革开放的历史进程中,面对社会生活的急剧变化,如何用中国特色社会主义共同理想凝聚力量,并以坚定的信念明确新时期的奋斗目标，是时代的课题。

一、理想信念教育的作用

在大学生人生观教育的内容中，理想信念教育是核心。这是指理想信念教育在人生观教育内容中居于主导地位，对爱国主义教育、道德规范教育、全面发展教育起着支配作用，决定着爱国主义教育、道德规范教育、全面发展教育的性质和方向。

（一）理想信念是"三观"的核心

理想信念是世界观、人生观、价值观的集中体现，是"三观"的核心。而"三观"问题说到底是理想信念问题。

1. 理想信念反映世界观的核心

世界观是对人们生活在其中的世界以及人与世界关系的总体看法，其核心是对人类社会发展规律的认识。理想信念与世界观密切联系，理想信念的不同反映世界观的不同，反映着对人类社会发展规律的认识不同。资本主义的理想信念建立在资产阶级的世界观基础上，反映资产阶级对人类发展规律的认识和看法。社会主义—共产主义的理想信念建立在马克思主义世界观的基础上，反映无产阶级对人类发展规律的认识和看法。

2. 理想信念反映人生观的核心

人生观是人们对人生的目的和意义的根本看法和态度，是对人的本质、人性，为谁活着，活着干什么，走什么样的路，做什么样的人，追求什么样的理想，什么是幸福等等问题的看法，其中包括对人生价值的看法。它要解决和回答的问题很多，其最基本、最核心的内容是人究竟为什么而活着、怎样生活才有意义。而这正是理想信念所要解决的问题。不同的理想信念反映着不同的人生观，反映着每个人不同的人生追求和境界，反映着对人究竟为什么而活着和怎样生活才有意义等问题的不同看法。具有社会主义—共产主义理想信念的人，会把全心全意为人民服务视为人生的最大目标，把为多数人谋幸福视为人生最大的快乐和最有意义的事情。持个人主义理想信念的人，会把物质的追求和感官的享乐作为人生的目标，把追求个人享乐视为最有意义的事情。

3. 理想信念反映价值观的核心

价值观是人们对事物、客体是否具有价值以及具有什么价值总的看法、观点。价值观的核心是人生价值观，即人究竟怎样活着才有价值，包括应该追求什么样的人生价值,以什么为标准去做价值判断,区分好和坏、有意义和无意义、有价值和无价值等等。而这些正是理想信念所要回答和解决的问题。理想信念的不同反映价值观的不同,反映人生价值观的不同。具有坚定的社会主义—共产主义理想信念的共产党人,确信为集体利益和全人类利益而奋斗,为社会主义和共产主义的实现而奋斗才有价值。

(二)理想信念教育的效果是人生观教育成败的重要衡量标准

人生观教育的主要目的是培养人们正确的政治观点、政治立场、道德准则和思维方式。而理想信念教育又是人生观教育中最基本的教育方式之一。如何检验人生观教育是否成功,首先需要对理想信念教育进行评判。一个有志青年首先就需要明确自己的理想信念,只有树立好了正确的理想信念,才能不在以后的人生观教育中迷失方向。

中国共产党是中国工人阶级的先锋队,是用马克思主义武装起来的党,这决定了它的思想政治教育是马克思主义的思想政治教育,必须用社会主义—共产主义理想信念去教育群众,动员他们积极投身于革命、建设和改革的伟大实践,为实现当前的和长远的目标而努力奋斗。当前开展大学生人生观教育,最根本和最核心的任务就是要坚持用马克思主义理论和社会主义—共产主义理想信念去教育大学生,引导大学生坚定对马克思主义的信仰、坚定对社会主义的信念、认同党的理论路线方针政策,增强对改革开放和社会主义现代化建设的信心、增强对党和政府的信任,坚定走中国特色社会主义的道路。如果放弃马克思主义理论、社会主义—共产主义理想信念的教育,就背离了人生观教育的性质,偏离了人生观教育的方向。

二、理想信念教育的内容

大学生理想信念教育的目标在于引导大学生树立正确的个人理想与社会理想,引导大学生把个人的成长进步同中国特色社会主义伟大事业、同祖国的繁荣富强紧密联系在一起;坚定他们为理想坚持不懈奋斗的信念。大学生理想信念教育的目标决定其内容,因此,我们可以把大学生理想信念教育的基本内容主要概括为以下几个方面。

(一)马克思主义基本理论教育

理想不同于空想、幻想,就在于它是建立在对客观世界的理性认识之上的,是对社会发展规律和人生价值的清醒认识和正确把握。正确的理想信念的形成来源于科学理论的指导。要引导大学生树立正确的人生理想,必须加强大学生马克思主义基本理论教育,加强马克思列宁主义、毛泽东思想、邓小平理论、"三个代表"重要思想和科学发展观的教育。马克思主义是人类认识世界最全面、最好的工具,是推动历史前进的强大思想武器和行动指南。马克思主义与中国革命具体实践相结合,诞生了毛泽东思想和邓小平理论,改变了中国的落后面貌,使中国走上了社会主义现代化的光明大道。"三个代表"重要思想体现了马克思主义与时俱进的理论品质,集中体现了当代中国共产党人的理想境界。科学发展观是以胡锦涛同志为总书记的党中央以邓小平理论和"三个代表"重要思想为指导,从新世纪、新阶段党和国家事业发展的全局出发提出的重要战略思想。

(二)党的基本路线教育

党在社会主义初级阶段的基本路线:领导和团结全国各族人民,以经济建设为中心,坚持四项基本原则,坚持改革开放,自力更生,艰苦创业,为把我国建设成为富强、民主、文明、和谐的社会主义现代化强国而奋斗。党的基本路线教育,就是要让当代大学生深刻理解经济建设作为党和国家中心工作的重要性,深刻理解改革开放是强国之路,四项基本原则是立国之本。同时要让大学生了解中国共产党奋斗历史的基本经验以及党带领全国人民建设中国特色社会主义的基本经验,并结合中国革命和建设的实际。特别要结合改革开放的实际,深入学习和领会中国特色社会主义伟大旗帜,坚持中国特色社会主义理论体系,深入贯彻科学发展观,坚持中国特色社会主义道路的思想。加强对大学生进行党的基本路线教育,其根本目的在于教育大学生拥护中国共产党的领导,树立对共产党执政能力的信心,确立在中国共产党领导下走中国特色社会主义道路、实现中华民族伟大复兴的共同理想和坚定信念。

(三)中国革命、建设和改革开放的历史教育

学习革命先烈为了共产主义的实现而不惜抛头颅、洒热血的精神,学习新时期各条战线上涌现出来的先进人物和事迹,能够使大学生更好地认识过去,立足现在,展望未来。大学生由于年纪尚轻,涉世不深,对于我们党领导人民进行革命、建设和改革的历史了解不够,特别是对于改革开放之前的中国革命和建设的历史了解不多。这就需要对他们加强这方面的教育,使大学生了解中国近现代社会发展的历史脉络,了解中国共产党带领全国人民求解放、求发展的历史。历史是不能割断的,只有懂得历史才能正确地了解现在和展望未来。中国革命、建设和改革开放的历史就是一部为共产主义而艰苦卓绝奋斗的历史,是大学生理想信念教育最生动的教育素材。在

我国的革命、建设和当今的改革开放时期,涌现出了无数优秀人物,他们可歌可泣的先进事迹是一本活生生的教科书,永远激励着后代踏着先辈走过的足印,完成他们未竟的事业。

(四)基本国情和形势政策教育

高校通过各种途径对大学生加强基本国情和形势政策教育,帮助大学生了解我国国情,了解我国的自然环境、自然资源和生态状况,了解我国的政治、经济、文化、科技、外交、国防、教育等方面的情况,了解我们当前面临的主要问题和困难,了解我国改革开放和现代化建设的伟大成就。高校要认真抓好形势政策教育,紧密结合国内国际形势变化及时回答大学生关注的热点难点问题,围绕如何认识社会主义发展的历史进程、如何认识资本主义发展的历史进程、如何认识我国社会主义改革实践过程对人们思想的影响、如何认识当今的国际环境和国际政治斗争带来的影响等重大问题进行深入探讨,使大学生进一步认清社会主义必然代替资本主义的客观规律和发展趋势,坚定社会主义、共产主义必胜的信念。要教育大学生既要看到问题,更要看到成就;既要看到暂时的困难,更要看到光明的前景;既要看到我国社会主义建设是一项长期艰苦的事业,又要看到我国社会主义事业具有旺盛的生命力,并抱有坚定的信念和必胜的信心。认清我们目前所处的形势,理解党和国家制定的政策,可以使大学生更好地了解社会,为将来走向社会、实现理想奠定可靠的现实基础。

(五)坚定对建设中国特色社会主义的信念

社会主义教育是重要的政治教育内容,目的是引导大学生坚定社会主义信念,坚定地走中国特色社会主义的道路。

最高理想作为人的最高价值追求,是一种未来的目标,它只有具体化为一些阶段性的理念目标,并付诸实践,在实践中化为现实,才能逐步得以实现。共产主义最高理想,只有在社会主义社会充分发展和高度发达的基础上才能实现。实现共产主义是空前伟大而艰巨的事业,建设中国特色社会主义现代化事业,是一项全新的伟大工程。

邓小平同志在 1992 年 1 月 18 日至 2 月 22 日的南巡讲话中指出:"社会主义的本质,是解放生产力,发展生产力,消灭剥削,消除两极分化,最终达到共同富裕。"这一科学概括,揭示了社会主义优于、高于资本主义的根源,从理论层面上回答了"什么是社会主义"。通过社会主义政治教育,引导当代大学生充分认识到社会主义国家的诞生是社会历史发展的必然,社会主义的发展没有固定的模式,社会主义制度具有无比的优越性,社会主义代替资本主义的历史趋势不可逆转,从而使青年学生更加坚定心中的社会主义信念,勤奋刻苦地学好专业知识,提高整体素质,脚踏实地并不断用自己的艰苦探索和勤奋劳动,为中国特色社会主义现代化建设做出更大贡献。

建设中国特色的社会主义是一项艰巨的任务,在这个过程中,很多深层次的思想问题也会表现出来。而要解决这些问题,就要依靠思想政治教育,重点是加强理想信念教育。理想信念教育的巨大作用,就在于通过马克思主义理论、共产主义和社会主义思想以及集体主义和爱国主义的教育,使大学生真正从思想上认识到社会主义代替资本主义的总趋势是改变不了的;坚持四项基本原则是立国之本,"三个代表"重要思想是我们党的立党之本、执政之基、力量之源,是指引我们通过中国特色社会主义迈向共产主义美好未来的根本保证。唯有如此,才能坚定建设中国特色社会主义的信念,也才能将信念转变为自觉的行动,为中华民族的伟大复兴做出自己最大的贡献。

(六)增强对改革开放和现代化建设的信心

对改革开放和现代化建设事业是否充满信心,是目前信仰、信念、信任的现实体现。以邓小平同志为核心的党的第二代中央领导集体面对复杂多变的国际形势,冷静思考,积极应对,深刻总结国内外社会主义建设的经验教训,成功地找到了建设中国特色社会主义的道路,为解决科学社会主义的时代难题做出了独特的贡献。经过多年的建设,特别是改革开放 30 多年来的发展,我国的综合国力大大增强,为今后的发展创造了有利的条件,奠定了比较坚实的物质基础。当前,以习近平同志为总书记的党中央正率领着全国人民向着全面建成小康社会的宏伟目标奋勇前进。大学生一定要积极参与改革开放和社会主义现代化建设的伟大实践,提高对"三个代表"和科学发展观重要思想实践性的认同,使之内化为坚强的信心。

(七)科学发展观教育

以胡锦涛同志为核心的第四代领导集体,根据马克思主义辩证唯物主义和历史唯物主义的基本原理,总结了国内外在发展问题上的经验教训,吸收人类文明进步的新成果,在新世纪新阶段提出了科学发展观。这一科学发展观,进一步明确了新世纪新阶段我国要发展、为什么发展和怎样发展的重大问题。加强大学生科学发展观教育,首先要使大学生明确我们国家发展的方针策略,使个人的成长与国家的发展紧密联系起来。再者,要教育大学生以科学发展观为指导,科学地制定个人的奋斗目标和发展方向。要引导大学生学会"科学奋斗",通过合理的、有针对性的努力,做到事半功倍,而不是盲目奋斗,最终一事无成;要引导大学生对自己进行"科学定位",对自己的人生奋斗目标进行综合分析,力求做到可行、适时、适应、持续。

第三节　生命观教育

2010 年 7 月,《国家中长期教育改革与发展纲要(2010～2020)》正式颁布。《教改纲要》明确提出"重视生命教育",为"生命教育"颁发了"国家许可证"。从当前高等教育发展的情况来看,生命教育对整个高等教育来说是必要的,对大学生正视人生挫折,珍视自身性命具有重要意义。

一、生命观的科学内涵

生命观,即人们对生命的总的认识或看法,具体说就是对生死的看法。生命观不仅包含了生,还包含死。向死而生,从死亡之中寻找生命的真意,是人们看待生命的正确途径。生命是死和生相互交织在一起的网格,任何一方的缺失都会造成生命的不完整。对于大学生来说,准确理解"生"与"死",对于他们正确看待生命,促进他们热爱生命,都有积极的意义。

生命观不是人们对人的生命的单纯看法,它综合了对人和社会的共同认识。它是一种社会性观念,社会政治、经济发展状况、文化决定人们生命观的走向,决定生命发展的价值取向。更加准确地说,生命观是构建在人物质生活基础之上的意识形态,会对社会政治、经济、文化的发展产生很大影响。

二、大学生生命观教育的目标

大学生人生观中的生命观教育的目的就在于协助人建立正面积极的人生观、价值观,整合个人的知、情、意、行,拥有健康的人格,丰富的人生,自我实现与自我超越。具体地讲,包括认识自己、思考自己生命的历程,以及每项重要的生命事件对自己的意义,同时个人应该如何面对与采取行动。学会欣赏生命的美丽与可贵,无论是动物的生命、植物的生命,还是不同种族、性别、生活经验的人的生命,都有其美丽之处,值得我们以欣赏的心情、学习的态度来与之相处,最终能够进一步尊重他人的生命,也珍惜自己的生命。

三、大学生生命观教育的内容

生命伦理是生命认知、生命情感、生命意志的统一，涉及生之伦、死之理、存之道、活之德等方面。生命伦理教育的内容主要有以下方面。

(一)生命历程教育

生命是从生到死的过程。在人生历程中，婴幼儿期、儿童期、少年期、青年期、壮年期、中年期、老年期、衰老期等，每一阶段都有不同生活的适应课题与发展任务。在有限的生命历程中，每个人都在不断探索，如果能明确人生目标，把握自我发展，与时俱进。接触周围新的人、事、物，就能确定存在的意义，创造自己生命的价值。

人只要活着，就得面对生老病死等生命现象。出生、成长、老化、死亡等构成了生命的连续过程。健康的生命需要健康的体魄和健康的心理共同维持。在生命教育中，需要对大学生进行必要的生理知识教育、性教育和习惯教育，使其能够正确认识和对待青春期的生理和心理变化，建立正确的两性观念，强壮自身体魄，树立合理的时间观念，养成良好的生活习惯和健康的生活方式。

在生命历程教育中，还可以引导大学生正确面对挫折和逆境。可以通过旁征博引的方式，将历史伟人、身边典型、现实名人在面对挫折、失败和逆境时怎样发愤图强、克服弱点、走向成功的事例融入生命历程教育中，引导大学生充分认识到：挫折和逆境是对生命的历练，生命将因此变得更加顽强。

(二)生命科学教育

生命科学是研究生命现象、生命活动的本质、特征和发生、发展规律，以及各种生物之间和生物与环境之间相互关系的科学。大学生生命教育要让学生获得生命科学的基本知识，了解自然生命之真和生命的规律与特征，了解与人们的生命、生活密切相关的生命科学知识及成果，遵循生命自身成长的规律，充分利用生命的各种规律和特征为自己的学习、生活增添色彩。

生命科学教育对于大学生的成长有着重要影响。通过生命科学教育，可以使得学生能够通过自己的认知和实践去了解生命科学的基础知识，产生兴趣，追寻生命之真，激发求真的科学精神。通过大学生思想政治教育之生命教育，还能够深化大学生对于生命规律、本质，以及生命关系的认识，增强其珍惜生命、关爱生命、把握生命、敬畏生命的观念，并付诸行动，使其树立人与世间万物和谐共处、共衰共荣的生命和谐意识。

(三)敬畏生命教育

人是以生命的方式存在的,生命受之父母,成于社会,承继历史而来,延伸未来而去,是实现人生理想和人生价值的前提条件。作为生命载体的肉体存在是有限的,即有时间和空间的界限与限度,每个人的生命既不可替代又不可逆转,不会因为富贵而增多,也不会因为贫穷而减少,不会因为美好和快乐而再复,也不会因为错误和痛苦而重来。生命的有限性也就凸显了生命的可贵性。生命对每个人而言既是一种权利,也是一种义务,生命的本色既有瞬间的伟大壮烈的舍生忘死,也有日常的符合自然规律的生老病死,不怕牺牲是为了彰显生命的崇高,而敬畏生命则是为了维护生命的庄严,"奋不顾身"、"见义勇为"的精神值得称颂,"奋而顾身"、"见义智为"的机警同样值得称道。因此,要认识生命的孕育、诞生、成长、衰老、死亡的过程和规律,了解生命的有限性,认识死的必然,体会生的可贵,保持生命理性,培养敬重生命的情感和情怀,包括对自我生命的确认、接纳和喜爱,对他人生命乃至整个生命世界的同情、关怀与珍惜,尊重个体生命存在的多样性、独特性和创造性。要养成健康的生活方式,不挥霍、浪费、透支生命之能,不做如吸毒、纵欲、过劳等损害生命的事,让生命不受侵害、毒害和伤害,不以牺牲人格、尊严、健康、生命等为代价去谋取钱财、名利、权势,善待他人也善待自己,善待社会也善待自然,在敬畏中热爱生命,在平等中尊重生命,在感恩中关怀生命,在创造中涵养生命。

(四)生命意义的教育

因生命有限而珍惜生命,因生命可贵而敬畏生命,绝不是主张贪生怕死、苟且偷生,也不是善恶不分、姑息养奸。人的生命不仅是一个有活力的生物体存在,更是一种意义存在和价值实体,是"生物—心理—社会"的整体,是自然形态、社会形态和文化形态的结合,是既成性与选择性、受动性与能动性、适应性与超越性的统一。人的生命具有超越性,这种超越性表现为人的社会性对生物性的超越、精神性对物质性的超越、可能性对现实性的超越、无限性对有限性的超越等,在超越中造就精神生命,达于自觉、自主、自由的生命境界。生命伦理教育就是引导受教育者加深对生命的权利、责任、使命的思考,对生命意义的肯定、欣赏和张扬,培养积极乐观的人生态度和勇于超越的人生精神,从而点燃生命激情,激发生命活力,高扬生命意义,提升生命境界,实现生命价值,演绎自己的生命乐章,共享他人的生命精彩,从人生意义和人格精神上来实现对人生命的根本性呵护和构筑。

(五)生命安全教育

社会上一些人的非正常死亡引发了人们对生命教育的思索,而且很多人认为生命教育等同于生命安全教育。实际上,这种看法是有偏颇的,生命安全教育只是生命教育的一部分,两者之间并不能画上等号。

生命安全教育包括自身生命安全保护和他人生命安全救援两个方面,涉及消防安全、自杀预防、伤害远离、灾难救助等具体内容。

生命的价值首先基于生命的存在,生命的终止意味着与之相关的其他一切也将随之终结。因而,大学生生命教育应首先关注大学生自身的生命安全。生命安全教育还应教育大学生在自身安全得到一定保障的同时,对处于困境的他人的生命安全实施救援。然而,环视当下的传媒环境,互联网、影视、报刊等传媒充斥着血腥的故事和报道,导致大学生对生命的珍惜、怜悯观念和意识大为减弱,甚至产生模仿心理,其危害深重。因而,净化传媒环境和网络环境,对于大学生生命教育具有极大的促进作用。

(六)生命教育之自我价值

自我价值是个体存在对于自身的意义,是人对自己需要的满足。自我价值包括人的尊严和保证人的尊严所需的物质和精神条件。人的自我价值,既是个人的自我关照,也是社会对个人的尊重与满足。社会通过提供物质保障和精神保证来实现社会中个体的自我价值;而自我价值的实现也要以个人对社会的贡献为基础。

人不仅仅是自然世界的生命存在,而且是精神世界的生命存在,这表现为人对感情、道德、精神、理想、信仰、价值等的无限追求。实现自我价值作为人所共有的追求,是个人进步的动力和表现。

大学生自我价值的实现对于维持其人格发展的稳定性和持续性,促进人格的健康发展起着重要作用。实现大学生的自我价值,不仅仅需要不断的实践活动来确证大学生个体的生命价值,而且要树立起科学的理想信念,将个人的远大抱负与民族的伟大理想结合起来,志存高远,心怀宽广,这样才能高奏生命的旋律。

(七)生命教育之幸福教育

人生的意义何在?面对这一亘古不变的话题,许多人都会有不同的答案。人生意义的终极目的,归结起来还是为了追求幸福。在大学生思想政治教育之生命教育中,教育的责任在于珍惜并维护大学生享受欢乐和幸福的权利,而教师的职责在于帮助大学生提升感知幸福的能力。

一个世纪以来,人类在追求幸福的过程中创造了许多财富,主要是科技的飞速发展和生产力的飞跃性进步所带来的物质财富,但人类的幸福感并没有获得同步的增进,没有呈现正相关。大学作为文化传播和人类文明传承发扬的主要阵地,应当正视当前高校大学生中蔓延的某些不良幸福观,应通过多种途径扭转大学生在校期间因学业、就业、家庭、情感等方面的压力所导致的幸福感普遍偏低等现状。

大学生生命教育终极的目的,就在于维护大学生的幸福权利,提升大学生的幸福感知能力,以获得生命的永恒幸福。大学生从工业文明的尘嚣中解脱出来,关怀人性的终极追求,捍卫和实践人类的价值,诗意地栖居在这片大地上,大学生生命教育也将绽放出真、善、美的璀璨光芒。

(八)生命能力教育

人的生命是一种系统存在,生老病死、喜怒哀乐、聚散离合、荣辱浮沉、成败得失等,是人的生命存在与发展的基本状态和复杂过程,这种状态和过程虽不能任意左右和抗拒,但可以有意识地规划和经营。生命能力,即规划和经营生命的能力。对生命的规划也就是对人生的规划,包括树立崇高的志向和理想、确立人生的目标和追求、保持健康的爱好和高雅的情趣、塑造完美的个性和健全的人格、选择正确的生活道路和生活方式等方面,通过规划和经营生命以开发生命价值,愉悦生命过程,优化生命样态,展现生命活力,在生命的不断发展中追求幸福、创造幸福、享受幸福,促进生存价值与生活意义相统一、物质生活与精神追求相平衡、个体发展与社会发展相协调,实现人的自然生命、社会生命、精神生命、价值生命的和谐发展。

第四节 职业观教育

高校开展的就业指导与创业教育,严格意义上来讲实际上是职业观教育。随着社会不断发展和进步,我国所拥有人才也不断地发生变化,从以前的人力资源的大国逐渐地转变成为人力资源强国,拥有各行各业专业的精英人才,在国际领域已经成为人才的强国。随着现在高等教育的普及,每年的毕业人数不断地增加,高校的教育模式也发生了很大的变化,从以前的精英模式转变成为了大众化模式,很多毕业生出现了毕业就失业的情况,这也是这个时期高校教育所面临的最大问题。如何能够缓解这个矛盾,就需要在大学生的人生观教育中的职业观教育加以重视,客观地了解和分析大学生职业观的发展变化,强化理论对现实问题的指导作用,促使社会各界把握大学生职业观的特点并因势利导,能够有效地改善大学生外部的择业环境。

一、大学生就业面临的困难

近几年,大学生就业难的问题已成为社会关注的焦点,为了缓解就业压力,政府出台了多项政策,采取了相应措施,鼓励和帮助大学生就业。这些政策和措施虽然起到了一定作用,但要想从根本上解决大学生就业难的问题,还需要政府、高校、学生甚至社会公众的共同努力。就业难并非只属于大学生这个群体,只是大学生代表着知识、素质和美好未来,寄托着家长和社会的太多期望,这个群体的就业受到更大的关注。

(一)高校毕业生面临供需总量的压力

目前,社会对劳动力的需求在宏观上呈现为劳动力供大于求。昔日被誉为"天之骄子"的大学生就业面临较大的压力和难度。

我国大学毕业生人数连续数年大幅增加。自1999年开始,全国高校大规模扩招,经过几年的发展,我国高等教育已经从"精英教育"时代步入"大众化教育"时代,全国毕业生人数也逐年大幅增长。毕业生总体规模从1998年的108万,到2003年的212万,再到2006年的413万,再到2010年的630万,高校毕业生的增长速度大大超过了经济的增长速度。虽然有观点认为大学生就业难与扩招并无直接关系,但跳跃式的高等教育规模扩张方式所带来的大学毕业生供给跳跃式增长,必然会与稳定的经济发展水平对人才的需求产生剧烈矛盾,使社会对毕业生需求量增长速度滞后于毕业生人数增长速度。连续的扩招,一方面使大学生的存量资源迅速扩大,另一方面每年的增量也不断创出新高,这就使大学生这种人力资源逐渐由"卖方市场"过渡到"买方市场"。

(二)部分高校人才培养目标与社会需求脱节

有些高校为了扩大自己的招生规模,没有对社会所需求的人才和专业进行缜密的调查就开设一些适应社会能力不强的专业,造成学生学习之后面临着毕业就失业的困境。这样没有根据社会需求进行招生,制定培养计划的行为在很多高校都操作过。高等教育与高等职业教育之间也是矛盾凸显,有些高等职业教育培养的技能型人才在社会上供不应求,但是高等教育培养出来的人才没有合适的工作机会,但是由于现在社会对高等教育与高等职业教育的区别对待,很多人宁愿选择高等教育,而不是根据自身的情况选择合适的学校进行学习社会技能。

在一些高校中普遍存在这样的两种情况:一种是高校的专业设置和课程安排与现在社会所需求的完全不符合,很多高校还是一直沿用以前的教育计划安排,不及时根据社会人才变化的需求进行更新;另一种是在高校开展的社会实践活动与现在社会所需要的实践经验没有很大的关联,很多高校只是为了应付教育部的相关规定而展开一些社会实践活动,但是学生在这些实践活动中学习不到任何有助以后步入社会的所需要的能力,这些实践活动没有起到任何的效果。很多学生在这些实践活动中也抱着敷衍的态度,这对以后职业能力的培养没有任何的帮助。

(三)社会就业观念滞后于就业形势变化

随着经济不断的发展,社会对人才的需求也在不断地调整,高等教育毕业的学生也没有了以前的优势,不同岗位对人才能力的需求也各不相同,有些毕业生的就业观念也导致自身就业的困难。以前的大学生数量稀缺,毕业就业方式也是采取分配形式,大学生没有为就业烦扰过,但是这种就业形式已经不再适应现在的社会。由于现在社会结构的不断调整和社会人才需求的多样化,高校的毕业生都是采用双向选择,很多学生的就业观念还是得不到转变,还是想着能找到"铁饭碗",在就业中不积极主动,就希望自己能够有足够好的运气,进入到稳定的单位中。现在随着社会竞争越来越激烈,企业对人才的需求不再单一化,需要就业人员具有良好的职业素质,能够胜任自己的工作岗位,很多工作性质也不再像以前的可靠稳定,一辈子就干一个岗位。以前的就业观念已经不再适应现在社会的变化,现在的学生应该能够看到社会的变化,积极地面对社会的竞争,勇于挑战自己的能力,在工作中实现自己的价值。

(四)地区之间对人才的需求不平衡

当前,我国南北之间、东西之间、沿海与内地之间经济文化发展很不平衡,人才资源的布局也很不一致。东部沿海经济发达地区,依靠人才兴省等战略方针,经济文化发展起步早、起步快。同时,这些地区由于观念比较先进,对人才比较重视,对人才的渴求仍然很强烈,对高校毕业生的需求量还是比较大。而在相对落后的西部地区,由于经济文化发展总体水平的局限以及观念的滞后,人才的价值往往得不到充分体现,对人才的需求反而较少。这就造成了大学毕业生就业集中于经济发达地区,而急需人才的中西部地区不但被大学生冷落,原有的人才也严重流失。这种人才分布的失衡,是由经济发展不平衡引起的,也必将进一步拉大东西部的差距,只有国家经济发展重心的转移,才能鼓励、吸引更多的高校毕业生到西部地区去建功立业,从而改变这种地区发展不平衡的状况。

(五)原有吸纳毕业生的空间受到抑制和挤压

政府机关和国有企事业单位长期以来是接收大学毕业生的主要渠道。但是随着改革的不断深入,传统的主要渠道吸纳毕业生的能力下降。

首先,随着政府机构大幅度精简和传统主渠道的吸纳能力逐渐下降,不可能大量吸收大学毕业生尤其是专科以下毕业生。其次,国有企业、事业单位由于经费紧张,冗员过多,也在减员增效。此外,随着我国经济的快速发展,企业对人才的要求越来越高是大势所趋,但某些用人单位故意抬高门槛,造成了人才高消费现象,使用人单位的需求和毕业生实际情况之间的矛盾日益突现。[①]

(六)性别歧视使毕业生就业形势更显严峻

当前,性别需求的不平衡使得女毕业生就业依然比较困难,不少用人单位在招聘广告上标明只要男性。造成这一社会现象的原因,除了社会偏见和有些工作岗位不适宜女生外,还由于一些主客观因素的制约。

首先,女生生理特点会造成就业方面的困难。女生毕业后,不可避免地要涉及恋爱、婚姻、生育等问题,这样一来就会占据很多时间,客观上会耽误一些工作,而这些势必会影响用人单位录用时的抉择。其次,女生心理特征也制约着自己就业面的宽度。有些女生心理素质脆弱、风险意识差,对工作岗位或过分挑剔、或犹豫不决,不愿意跨地区、跨行业就业,从而造成女生在就业时的被动局面。最后,社会分工上的原因也与女生就业困难有着密切关系。虽然我国经济体制改革已取得了巨大成就,产业结构也正在优化调整中,但适合女生大面积就业的第三产业仍有待于发展,这也在一定程度上制约了女生的择业就业。

二、大学生的职业观教育的内容

随着现在社会就业形势日益严峻,大学生想要在就业市场找到一份自己满意的工作,就需要不断地重视和学习职业观教育。一个良好的职业素质也决定了以后未来的职业方向。大学生的职业观教育主要包括以下几方面的内容。

---

① 周航.大学生就业与创业.重庆:西南师范大学出版社,2008,第7页

(一)职业理想

职业理想是指人们对未来自身职业发展的期望。职业理想是一定社会理想在个人职业选择和实践中的具体体现。职业理想具有明显的个性化特征,是与个人紧密联系的。一方面,职业理想受到社会公众的监督和制约;另一方面职业理想则取受到个人主观能动性的直接作用。

(二)职业态度

职业态度是指从业人员在职业活动中的行为表现,其实质是劳动态度。劳动态度是从业人员承担职业责任的基础。

职业态度是对个人的具体职业活动要求,具体讲职业态度主要有两点:端正的劳动态度和踏实认真的态度。端正的劳动态度要求,无论什么样的工作都要积极努力,做出个样子来。踏实认真的态度要求,要认真实践本职业特殊的行为规范,长期坚持,绝不松懈。

(三)职业责任

职业责任通常是指从业者对整个行业和社会所应承担的特定义务。一般情况下,职业责任是以法律的或行政的形式确定的,具有强制性和规范性。

在社会实践中,职业责任关系整个社会的安定与和谐,因此也关系个人职业活动的成败。例如注册会计师,注册会计师若不能按照行业准则审计企业账目,自身不仅要受到相关的法律惩处,所在的企业也会受到一定的惩罚,最为著名的就是安然事件。承担一定的职业责任,履行一定的职业义务是一个从业人员最起码的道德要求,也是职业活动得以进行的前提。

(四)职业技能

职业技能是从业者从事职业活动时所应具备的业务能力。职业技能是职业道德的载体和表现手段。职业技能本身并不是职业道德,但它却应被有道德的人操作。从业者使用职业技能应符合基本的职业道德规范。另外,从业者还应积极学习,保持自己的职业技能适应时代发展的需要,否则,再好的职业技能也会成为明日黄花。

(五)职业纪律

职业纪律是一种以规章、制度、条例等形式来维持职业活动的正常秩序,调节职业活动各种现实关系的行为准则。职业纪律的效能介于法律和道德之间,它的表现形式具有职业道德的一般特点。在人们的职业道德修养水平发展不平衡的情况下,纪律具有不可或缺的作用,事实上如果没有纪律的约束,人们将失去职业活动的自由,整个社会生活也会变得不可思议。邓小平指出:"我们这么大一个国家,怎样才能团结起来、组织起来呢? 一靠理想,二靠纪律。"纪律的重要性客观上要求每一个从业者坚持不懈地遵守和维护,使之习惯成自然,成为自觉的职业行为。

第五节　审美观教育

"爱美之心,人皆有之"。认识美,欣赏美,并且按照美的客观规律亦即审美尺度去创造美,是人与动物的重要区别。美是人最为普遍的价值。大学生对美好的未来充满了憧憬,大家热爱美,追求美,向往美,鉴赏美,但是由于生活经验不足,阅历不深,一部分大学生往往出现美丑不分、是非不明、善恶不辨的情况。我们要想使自己的行为和心灵更美,就要树立正确的审美观。

一、审美观的概述

(一)审美观的内涵

审美观是指人们在审美活动中对客体的审美价值的总的评价和看法,也即人们对审美中有关美、审美、美的创造的基本观点与看法。审美观是人们在长期的社会实践中逐渐形成的,是人们的审美行为的内化与提升,是人的世界观和人生观的重要组成部分。正确的审美观,是指导个体科学地进行审美活动和审美创造的先决条件,为大学生树立审美观,提供审美的价值导向。只有正确的审美观的指导,个体才能获得有价值的审美感受。否则,人的审美活动则会陷入盲目、低级趣味,甚至严重影响个体的健康发展。

(二)审美观的特点

审美观作为存在于社会群体精神文化中的一个系统,它的形成和发展要受许多因素的影响和制约。在不同的时代、不同的民族、不同的阶级、不同的历史条件下,人的审美观的内容是截然不同的。因此,在长期的发展过程中,审美观具有鲜明的时代性、民族性、阶级性和个体性的特点。

1. 时代性

美产生于社会实践之中。随着社会实践的发展,人们的审美观点也在不断地变化。在人类历史发展的过程中,各个不同时代都有自己特定的审美观。它是一定时期人们审美意识的反映,受生产力发展水平及政治、文化等的制约。如就人体美而言,汉代时崇尚细腰,北魏时以"瘦骨清相"为美,到了唐代则以丰腴为美。俄国著名作家车尔尼雪夫斯基说:"每一代的美都是而且也应该是为那一代而存在……当美与那一代一同消逝时,再下一代就会有自己的、新的美。"

2. 民族性

不同的民族由于其地理环境、语言、风俗习惯及文化背景等的差异,其审美趣味、审美标准大不一样,审美观也差别很大。一个民族所推崇的,有时恰是另二个民族所禁忌的。像西方裸体艺术(如维纳斯雕像)的审美价值有很高的地位,而在东方某些民族中不一定被接受。又如,人们对服饰美的评价,就明显地带有民族的特性。藏族人喜欢黄色的衣服,男子袒露右肩;维吾尔族喜欢戴花边小帽;蒙古族喜欢穿大袍和长靴;朝鲜族妇女喜欢穿白色长裙;非洲妇女喜欢围花布;欧洲白人喜欢穿西装等。在日常生活、建筑风格、艺术表现等方面也有很多差异。

3. 阶级性

不同的阶级,由于其经济、政治地位不同,生活方式和生活地位的差别,形成了审美观的阶级差别。车尔尼雪夫斯基曾说过,俄国上流社会,美人的标准是四肢纤细,面色苍白。耳朵小,而在普通农民那里,美人的标准是四肢强壮,面色红润。由于审美观的不同,所以"上流社会的女人走入乡间,会给人不愉快的印象"。《红楼梦》中的林黛玉、在贾宝玉眼里是一个美人,但对于贾府的仆人焦大来说,他不会欣赏弱不禁风的林妹妹,而是看重能操持繁重家务并具有健壮体魄的女性。剥削阶级常以豪华奢侈为美,劳动人民则以勤俭节约为美,也突出地表现了审美评价的阶级性。

4. 个体性

人们在社会中生活,不仅受时代、阶级、民族的影响和制约,还受个人特定的生活环境、社会阅历,以及个人气质、性格、能力、趣味等素质的影响,从而形成了审美的个体差异性。同是欣赏菊花,陶渊明和李清照的感受却是两样。陶渊明的"采菊东篱下,悠然见南山"是写远离尘世的安然乐趣,而李清照的《醉花阴》中"东篱把酒黄昏后,有暗香盈袖。莫道不消魂,帘卷西风,人比黄花瘦",则是表达心中的苦闷与忧伤。生活中,当人们异口同声地称赞某个对象很美时,他们所说的可能完全不是一回事,每个人的心理感受都有其独特的个人特征,而且同一个人的心理感受,也总是处在不断变化的过程之中。如同是一个李白,写同一个长江之行,心境好时有"朝辞白帝彩云间,千里江陵一日还。两岸猿声啼不住,轻舟已过万重山"。表达自己欢快的心情;但心境不好时,则有"三朝上黄牛,三暮行太迟,三朝又三暮,不觉鬓成丝",表现出了忧愁的心情。两种心境,两种不同的审美感受,反映了个体审美趣味的丰富性和多样性,显示出审美观中鲜明的个性色彩。

审美观具有鲜明的时代性、民族性、阶级性和个体性差异,这正反映出了人们审美活动的丰富性和多样性。在审美中,我们既应重视差异,又要看到美的普遍的客观标准。尤其是个体,应不断加强审美修养,提高自身的审美能力,避免把庸俗当作高雅、将病态视为优美、把落后看成时尚,切忌以个人的好恶去偏袒低级的、落后的、怪异的和不健康的趣味。树立科学健康的审美观,是社会进步和个人发展的需要。

二、审美观教育的作用

高等教育的目的是培养社会的高层次人才或精英,而能够称作为人才或精英的人,不仅仅意味着他学问渊博,拥有知识的力量,也不仅仅意味着他道德高尚,拥有人格的力量,同时也意味着他作为一个活生生的感性的人,拥有审美情感的力量。审美价值观教育培养了人的审美精神和审美能力,对于高等教育而言,前者也许比后者更具有终极的意义。审美精神对于培养大学生的超然性、和谐性、创造性具有特殊的作用。

(一)超然性

高等教育要求教育者和受教育者跳出功利是非之外来进行教育,这样的教育效果要远人于急功近利式的教育。审美价值观教育正有助于人们培养和树立一种超越、净化情欲的人生态度。审美价值观教育把事物的具体形象诉诸审美情感,用美的形象来激起人内情感的共鸣,打开欣赏者心灵的大门,使人达到"心旷神怡、宠辱皆忘"的境地。审美价值观教育培养的这种超越功利的人生态度,与人生的理想目标、高尚追求合一,提高人生境界。假如我们以这种审美的人生态度对待生活和工作,对个人功利目的淡远一点、超脱点,那么就会执著于生活、工作、劳动本身的乐趣,就会减少压力、烦恼、痛苦,这样孜孜以求,愉快进取,反而会达到更高远的目标。

(二)和谐性

在审美活动中由于审美对象的作用,使主体产生了感知、情感、想象和理解等综合的心理活涌动,全过程始终伴随着情感的愉悦。这种情感的愉悦,既不同于生理感官和欲望得到满足而产生的快感,也不同于由伦理道德和理性追求的实现而产生的精神愉悦,而是摆脱了实用的、功利的束缚,超脱了任何利害关系,进入对对象无所欲求的快感之中,是一种特殊的审美情感。人们一旦进入这个审美的领域,情感就会得到净化,精神就会得到升华,情操也会变得高尚。

(三)创造性

美育对于创新性有重要的作用。美育主要在于教育自身是否具有美的精神和形式。这包括三方面的标准:教育内容是否能传达出人类历史和智慧之美;教育操作方法是否符合受教育者的审美心理需求;教育结果和目的是否有助于培养具有美的心灵和行为的自由个性。要想实现真正的美育,要求高等教育首先是个性化的教育,必须是友善的引导,尊重他的个性,引起对美的兴趣,让他们自由游戏。在大力提倡培养人的创造性的今天,高等教育更加不能忽视美育,不能忽视自身的"尚美"的品格。实质上教育本身应该具有以美育人的规定性,高等教育的全部活动,不仅可能,而且应该贯穿美的形式并获得美的效果,从而实现完整教育的目的。

三、审美观教育的内容

(一)正确认识"真""善""美"的统一

人类在改造自然的社会实践中,要认识、掌握和运用自然规律。通常人们将客观事物所蕴含的这些自然规律叫"真"。实践主体按客观规律有目的地去改造世界称为"善"。人们在改造客观世界中,使人的本质力量对象化,便是"美"。可见,"真""善""美"三者统一于人类的社会实践,既相互区别。又相互联系。

1. "真"是"善"和"美"的基础和前提

当人们的主观目的按照客观规律去实践得到了预期的效果时,主体的目的性和客观的规律性得到了统一,即"真"与"善"交会融合起来。其中,"真"成了"善"得以实现的前提和基础。没有"真"的"善"是伪善,其本质则是恶。一座大桥、一幢建筑是为人服务的,但它之所以能建成,则是遵循了"真"。同样"美"的产生也是人在实践中,以对"真"的认识和把握为前提的。"真"本身并不就是美。只有人的实践的加入,才能使客观的规律得到认识、掌握,并创造出生动的形象。因此,"美"的产生是个人在实践中不断认识和掌握"真"的结果。

2."善"是"美"与"真"的归宿

"善"是一切价值的归宿,因此"真"和"美"最终是走向"善"的。客观存在的"真"被人们孜孜地追求和探索,目的就在于推动人类进步和社会的发展,否则"真"就失去了其存在的价值。牛顿定律、爱迪生的发明最终带给人类的是功利和实惠,这是"真"最终要走向"善"方显其价值的体现。同时,"美"的归宿也是"善"。高尔基说"美学是未来的伦理学",表明了"美"与"善"之间的内在联系。"美"受"善"的驱使,会在更高的精神层次上满足人们的社会需要,走向或实现更高目的的"善"。

3."美"是"真"和"善"统一的形象

合目的性的"善"与合规律性的"美"的统一是具体的、现实的,这就是活生生的可感形象。因此,"美"离不开"真"和"善",通过生动的形象,使"真"、"善"得到更充分的体现。

因此,"真""善""美"的统一,代表着一种理想的人格追求。无数的英雄人物如雷锋、焦裕禄、孔繁森等是我们时代"真""善""美"统一的典范。他们的一言一行,体现了先进的民族精神和共产主义的光辉思想,同时也是合乎历史发展的必然性。他们的光辉形象和生动事迹会激起我们的共鸣,自觉产生荡涤净化灵魂,去追求"真""善""美"的强烈愿望。

(二)正确认识创造美和享受美的统一

在人类的社会实践中,懂得如何去发现美、欣赏美、享受美,同时还要懂得人类实践活动的最大特点还在于它的创造性。因此,人们不仅仅局限于审美和享受美,更注重创造美,注重从创造美与享受美的统一中更加完善自己。

1.要认识创造是美的源泉

一件件精美绝伦的艺术品,无不凝聚着创作者的劳动和创造。同样,在改造自然和社会的实践中,人类同样会把自己的才智、灵巧、愿望、勇敢、坚毅等在实践对象中加以凝聚和表现,从而创造出美的社会和生活。可以说,创造的过程是和享受的过程同时进行的,体验和感受了创造本身的美。

2.科技创造是大学生创造美的具体形式

当前我们处于知识经济时代,最显著的特点是科技日新月异的发展,科技创造、科技革命的浪潮一浪高过一浪。大学生是一代掌握知识技能的高层次人才,民族的兴亡、国家的强盛关键是看其培养的人才能否掌握最新的科技成果,能否不断地进行科技创造和发明。

　　因此对于我们大学生来说,大学时期不仅是知识的汲取和技能的培养最佳时期,更要积极投身于科技的创造中去,通过对美的规律的认识和把握,通过科技创新活动,来体现其中劳动成果的美,从而激发强烈的求知欲望和创造欲望,享受充实而美好的大学生活。

　　3.创造美的环境应成为大学生生活美的主要内容

　　人们都希望生活在一个青山绿水、空气清新、洁净明朗、生态和谐的环境之中。我们已经遭受到了工业化社会所带来的环境恶化、生态失调问题。我们渴望洁净的蓝天,渴望与琅琅书声相伴的鸟语花香和绿树成荫。但美丽的校园需要每一位大学生的关心与参与,从自身做起,养成良好的卫生习惯,通过参加美化校园劳动来获得那美好的感受。但目前,与校园环境美化极不协调的是,许多同学劳动观念淡薄,卫生习惯差,寝室里狼藉一片,气味难闻。大学生应从身边做起,通过美化自身的生存环境和学习环境,真正做到创造美与享受美的统一。

(三)正确认识内在美与外在美的统一

　　人是社会的存在物,社会美在人身上的体现亦十分丰富,具体表现为人的内在美与外在美的统一。人的内在美,即指心灵美,包括人的智慧、道德、人格、情感等。作为生命的高级形式,人的心灵美就在于经过长期的社会实践,在审美教育和审美修养的作用下,个体超越了狭隘的功利欲求,走向自由无私的境界。外在美指人的形体美、仪表美和行为美的总和。健康匀称、充满活力的身体是形体美的表现。五官端正透出神采,衣着合体大方是仪表美的体现。而言谈举止得体,谦虚礼貌,温文尔雅,潇洒自如,求实进取,当需要自己献身时,表现出大无畏的英雄气概等是行为美的特征。内在美和外在美构成人性美的两个不可分割的层面,理想的人性是二者的和谐统一。但生活中却出现了二者相悖的形象。有许多心灵美、道德高尚的人,却外表平平甚至丑陋,如《巴黎圣母院》中的敲钟人卡西莫多,相貌奇丑,却有着无比美好善良的心灵,他的“内秀”完全盖过了其外在的丑陋,说明了人的内在美具有一种强大的力量。一个人不能离开心灵美而片面追求外表的漂亮,否则只能成为“金玉其外,败絮其中”的绣花枕头。因此,青年大学生在塑造美好人生时,应注意自己的仪表和形象,更要注重自己的心灵和道德,做到内在美与外在美的和谐统一。

第六节　诚信教育

古今中外的教育家们都十分注重诚信教育。在所有种类的寓言故事中,都无一例外地强调"诚信"。可见,诚信对人类生活意义的重要程度。

在我国,远在先秦时期就强调诚信教育,《尚书·商书·太甲下》中伊尹再三告诫太甲要虔诚,"鬼神无常享,享于克诚"。在其他典籍之中,诚信也比比皆是。"信"以"诚"为本,没有自身的"诚",外在的"信"是不真实的。"诚"以"信"为实,不足信的"诚"自然是虚假的。

一、诚信的特征

(一)诚信的内在性

"诚"是我国传统思想为人之道的中心内容。孔子的"仁"思想之中,对于诚信则给予了极大的关注。他讲到,"诚者,物之终始,不诚无物"①诚者"人之道""天之道"②"诚,德之正也"③等。这里,孔子认为,诚是一个人的最基本的道德,且"诚"是"信"的前提,有诚才有信,不诚则无信。孔子还提出一个人要诚信,关键在于加强自身修养,要"克己""修己""正身""慎独"以至"诚"。然而在儒家思想之中,修养以至"诚"并非闭门造车,而是要通过与外界有效的联系,从而实现自身的逐步提高。孔子传灯门人曾子有言,"吾日三省吾身,为人谋而不忠乎,与朋友交而不信乎,传不习乎"。由此看来,在我国传统思想之中,诚信是一种由内而外的个人品质。

宋代理学家朱熹认为:"诚者,真实无妄之谓"。"诚"是一种真实不欺的美德,要求人们修德做事,必须效法天道,做到真实可信。说真话,做实事,反对欺诈、虚伪。宋代理学开山祖师之一的周敦颐则进一步提升了"诚"在儒家伦理思想中的地位。他认为,"诚者,圣人之本。'大哉乾元,万物资始',诚之源也。'乾道变化,各正性命',诚斯立焉,纯粹至善也"。④"诚,五常之本,百行之源也。"⑤因此,"诚"不仅是"纯粹至善"的道德极境,是圣人

---

① 《礼记·中庸》
② 《孔子家语·哀公问政》
③ 《孔子家语·弟子行》
④ 《通书·诚上》
⑤ 《通书·诚下》

之所以成为"圣人"的根据,仁、义、礼、智、信及孝悌等一切有关伦理的行为,皆以真实无妄的"诚"为根本或本原。这是对"诚"的思想内涵的高度概括。

(二)诚信的自由性

"诚"主要是从天道而言,"信"主要是从人道而言。故孟子曰:"诚者,天之道也;思诚者,人之道也。"

"诚"本是自然固有之,效法天道、追求诚信,这是做人的道理、规律。二者在哲学上虽有区别,但从道德角度看,"诚"与"信"则是同义等值的概念,所以许慎在《说文解字》中说:"诚,信也。""信,诚也。"、"诚""信"两字互训。由此看出,基本涵义都是诚实无欺,信守诺言,言行相符,表里如一,这是做人的基本要求。

(三)诚信的实践性

诚信贵在待人处事真诚、老实、讲信誉,言必信、行必果,一言九鼎,一诺千金。在一般意义上,"诚"即诚实诚恳,主要指主体真诚的内在道德品质;"信"即信用、信任,主要指主体"内诚"的外化。"诚"更多地指"内诚于心","信"则侧重于"外信于人"。"诚"与"信"一组合,就形成了一个内外兼备,具有丰富内涵的词汇,其基本含义是指诚实无欺,讲求信用。千百年来,诚信被中华民族视为自身的行为规范和道德修养,在基本字义的基础上形成了其独具特色并具有丰富内涵的诚信观。

二、高校诚信教育

(一)当前我国大学生的诚信现状

曾几何时,高校被称为"象牙塔",这是一处一草一木都洋溢着文化气息和科学精神的地方,这是一方可以让心灵诗意地栖息着的净土,人们称其为"与世隔绝的梦幻境地、逃避现实生活的世外桃源"。近年来,随着大学的扩招,大学生的数量在逐年增长,相比以往"千军万马抢过独木桥"的残酷竞争,现在的大学普及率已经有很大提高。相应地,大学毕业生数量快速增长,使得大学生面临严峻的就业形势。同时,社会和家长对大学生往往给予比较高的期望,因此现在的大学生面临的压力是巨大的。另外,随着网络等新科技的发展,大学已经不是那封闭的世外桃源,社会上的一些不良思想已悄然入侵校园,功利、世俗、浮躁竟已然成为当代大学的醒目标签。在这种形势下,高校的诚信危机凸显,诚信教育也面临着巨大的挑战。

1. 大学生政治诚信缺失

政治诚信是大学生作为政治人参与社会活动所应具有的政治道德,在我国社会转型,政治、经济、文化、社会发生巨大变化的今天,是否具有过硬的政治素质和道德修养成为衡量大学生综合素质的一个重要标准。

从整体上看,当前整个大学生群体意识形态主流上是积极的、健康的、向上的。广大高校学生与党中央保持高度一致,表现出了高度的政治觉悟、严密的组织纪律性和强烈的爱国热情,充分证明了当代大学生是热爱党、热爱祖国、热爱人民的,是充满理想、大有希望的。同时,他们有特别强的成才意识,善于接受新事物,思想活跃,视野宽广,还具有竞争意识、维权意识强烈的特点,是大有可为的一代。但不应否认的是,部分大学生在现实政治生活中也存在一些不诚信的现象,主要体现在以下几个方面。

(1) 追求现实利益

20 世纪 90 年代,我国初步建立了社会主义市场经济体制以后,大学生的现实主义观念大大加强,理想主义的价值观念逐渐减弱,其主导性也逐渐减弱。市场经济的负面作用,以及受西方一些实用主义思潮的影响,大学生中有的人认为,理想太远、太大、太空,个人的现实生活最为实惠。在义利观上,当代大学生赞同"正当地索取,积极地奉献",追求权利义务的均等。在政治观上一些大学生不太关心政治,政治观点、政治立场淡漠,他们更愿意关心切身利益。现实主义的一个突出表现还体现在大学生对物质享受、对金钱不加掩饰地追求。当代大学生评价职业的主要参数是经济收入、社会地位、权力、职业的稳定度等,这些都是很现实的条件。以往的理想主义人生价值观正在退出主导地位,被注重个人的、现实的存在和追求金钱的现实主义价值观所取代。

(2) 受"意识形态淡化论"的影响

随着经济发展和改革开放的深入,西方各种思想的大量引入,导致了一股宣扬淡化政治的社会思潮。其实淡化政治就是"淡化意识形态",西方借助"全球化"的思潮,大肆鼓吹和贩卖否定社会主义意识形态的言论,只不过调整了其意识形态的战略和实现方式,采取更隐蔽、更具欺骗性的方式方法,极富技巧地攻击和否定社会主义意识形态。"意识形态的淡化论具有明显的资产阶级性质。从政治倾向上看,它从资产阶级民主、自由、人权等政治价值出发,推出庸俗进化论和社会改良主义,根本上否定共产主义作为社会未来的理想价值和作为现实社会主义制度的实践价值,因而具有鲜明的反共产主义倾向;从哲学倾向来看,它以折中主义、相对主义和多元主义为基调,崇拜自发性和多元化,根本否定辩证唯物主义的科学世界观,因而具有显明的唯心主义倾向;从实践上看,它是对社会主义意识形态的瓦解。所以说，所谓'淡化意识形态'，实际上是淡化了马克思主义、社会主义意识形态，强化了资产阶级意识形态，其本身就具有强烈的意识形态性。"

这种鼓吹"意识形态终结"，大肆贩卖"全球主义"，主张淡化、消解意识形态的思潮在我国的意识形态领域产生了比较严重的影响。一些大学生也接受了这些观点，认为中国改革开放中存在着所谓的意识形态禁锢，正是社会主义意识形态限制了改革开放的进一步发展，因而应该提倡非意识形态化，淡化政治，甚至取消意识形态。

（3）理想选择上的困惑与迷茫

改革开放以来，西方各种学术和社会思潮扑面而来，大学生在吸收其中积极内容发展自己的同时，如自我意识增强，勇于竞争实现自我价值等，一些学生也存在一定程度的思想混乱，对一些问题的是非辨别不清。另外，理论与现实大量对立现象的存在也使缺乏涉世经验的大学生左右摇摆，不知人生的路该向哪里迈进。大学生从书本、课堂及多种宣传媒介中学到了社会理想信念的基本内容。但当他们走向社会，并把目光投向社会的时候，听到和看到的大量实际现象与他们所学的东西不相符，甚至是相悖的，从而使他们怀疑、嘲弄或放弃自己所学的内容，致使当代大学生的社会理想信念经常处于"流动状态"，主动性和持久性比较差。

2. 大学生经济行为中的诚信缺失

经济诚信缺失是指大学生在处理与自身相关的经济问题时出现的不诚信现象。与一般社会上的经济诚信不同，大学生的经济诚信问题主要体现在校园学习、生活的方方面面。

（1）拖欠学费

高等教育体制改革后，大学生实行缴费上学，但随之而来的恶意拖欠学费现象在许多高校普遍存在，所欠金额每年都在递增。大学生恶意欠费现象，其表现之一是将学费挪作他用。有的学生将应缴纳的学费没有上缴学校，而是擅自用于消费，如购置电脑、手机、MP3，购买名牌服饰，外出旅游、访友等；有的是用于谈恋爱、买礼物、请客吃饭等；有的是用于炒股、买彩票等。表现之二是故意缓缴学费。有的学生觉得学费肯定要缴，可周围也有没有缴费的同学，学校似乎也没采取任何措施，故而观望拖延；还有一些学生将几年的学费用定期的形式存入银行以获利息。这些学生对学校缺乏诚信，严重的影响正常运转和持续发展，损害了大学生的形象。

（2）申请奖学金中的不诚信

在高校拿出专项资金用于奖、勤、助、贷、减、免的，教育部还提供过奖助学金帮助家庭经济困难的大学生完成学业。一部分学生为了得到奖学金，以各种形式向任课老师及监考、改卷人员赠送礼品、礼金或其他物品，索要分数,弄虚作假,瞒报申请资料。某些学生为了提高自己的学业成绩,对专业课教师"死缠烂打",要求老师为其给出理想分数,通过"捷径"获取奖学金;某些学生干部为了提高自己的德育成绩,对自己的违规、违纪行为不予登记扣分,由此引来了学生对奖学金评定活动的怨声载道,在某些高校的校园论坛或其他网络媒介上,不时出现学生所谓"揭露奖学金评定黑幕"等言论,造成极其恶劣的影响。

(3)申请助学贷款的不诚信

国家助学贷款是借助国家信用向贫困学生提供的一种无担保信用放款,它是以学生能如期还款、信守诺言为前提的。自助学贷款实施以来,不仅为贫困学生解决了经济问题,而且还有助于培养学生自强自立、讲究信誉的良好品质。然而,一些缺乏诚信的学生既损害大学生群体形象,又影响助学贷款之路。

由于我国还未建立完善的个人信用系统,所以未来的还款主要还是建立在大学生诚信道德基础上的。目前高校助学贷款的运行并不顺畅,许多银行不愿意向高校继续贷款的重要原因就是一部分大学生贷款后不按时付息还款,使银行部门对大学生这一群体的诚信道德水平产生了怀疑和不信任的态度。

(4)手机欠费

手机欠费是这几年在大学校园里兴起的新问题。大学生手机欠费有下面几种情况。

第一,利用停机前允许透支话费狂欠费。

第二,利用"先打电话后缴费"欠费。

很多通信公司面向高校推出了诸如"零元赠机""一折购机""三折购机"等促销活动,学生只要签约承诺在 18 个月或 24 个月内每月至少打足一定数额的话费,就可以凭证件免费领取或低价购买手机,话费也有诸多优惠。然而就是这种"先打电话后缴费的信用消费形式,给通信商带来了意外的窘迫。某移动公司办理此类信用消费"校园"卡 30 多万张,有 13 所高校的 3 万多名学生欠费,总金额达 380 余万元。

(5)透支信用卡

随着社会经济的飞速发展,"刷卡"消费在大学生中已经成为一种时尚。尽管大学生还没有稳定的经济收入,但却具有惊人的消费能力。不少银行认为大学生信用卡消费是个潜在的市场,使尽各种招数吸引大学生办理信用卡,使大学生轻易办到较高授信额度的信用卡。可信用卡是一把双刃剑,带来便利的同时也隐藏着风险。

信用卡并非免费的午餐,是需要按期归还的。对大学生来说,信用卡的使用颇受争议,它容易助长消费,甚至是不良消费习惯。受还款能力限制,信用卡的债务一旦无法偿还,对学习生活一定会有所影响,甚至造成学生家长的财务压力。有的学生在校期间办理信用卡,透支卡内金额,不按时还款一走了之;有的学生刷卡消费之后,无法按期还款,要么求助于家长、同学,要么铤而走险,通过非法手段,利用信用卡"套现",拆东墙补西墙,于是就出现了大学生因信用卡欠款不还而被银行对簿公堂的案例。这无疑给这些大学生的未来罩上了一层阴影。不能量入为出,恶意透支信用卡,其付出的代价就是无法挽回的信用。

3. 大学生学习中的诚信缺失

(1)课堂诚信

在管理相对松散,学生自主性非常高的大学里,学生旷课已经成为了一种非正常的"常态",特别是在一些同学不感兴趣,枯燥无味,认为以后无用的课堂上,旷课现象更为严重,在学生中间流传着这么一句话:旷课是"必修课",必修课成了选修课,选修课约等于没课。

现在的大学生课堂就像一块宽阔的牧场,大学生们在里面来去自由,不管上课或下课,讲话的、看小说的、打电话的、睡觉的、吃东西的……根本就没有意识到这是课堂。同时又由于高校年年扩招,学校的规模越来越大,教室里的学生也越来越多。"一间教室有时容纳一两百人,而这样的课往往又是公共课,是可上可不上的课,所以不遵守课堂纪律成了司空见惯的现象了。如果老师也跟学生一样,懒得去管,或者是像某些高校让学生为老师测评来决定老师的去留,这样老师为了讨好学生而不去抓纪律,这样就更滋长了这种风气,他们就更不把课堂纪律当作一回事了"。据有关数据显示,在当前大学生中,竟有高达82.1%的学生有过旷课或逃课的记录,其中偶尔旷课或逃课的学生有74.8%,还有7.3%的学生是经常旷课。

(2)学习考核诚信

考试是检验和评价大学生学习水平的关键环节,所得成绩与获得毕业文凭、奖学金、保研等关系最为直接,大学生在这一问题上的表现,更能深刻地反映其学习的诚信状况。从目前情况来看,大学生考试诚信的主流是好的,但不容忽视的是大学生考试作弊行为并非只是"个别"现象。据调查,大学生中有过作弊动机的已经过半,有过作弊行为的近30%。这种现象不得不引起我们的重视。这说明当代大学生的诚信现状已不容乐观,越来越多的学生已陷入作弊的泥潭,继而引发从作弊到作出其他不诚信的举动。有一部分学生由于考试不及格或为了获取高分和老师套近乎,拉关系,乞讨考分,这也是一种变相的作弊行为。据许多任课老师反映,每到期末考试结束,就有学生通过各种方式和途径来乞讨考分。还有一部分学生为了考试能过关,竟不顾学校对于作弊的严厉处罚,铤而走险,如花大价钱请人代考、购买考试答案、采用高科技作弊工具等。

(二)大学生诚信教育的内容

1. 马克思主义诚信思想教育

马克思主义是我们立党立国的根本指导思想,是全党全国人民团结奋斗的共同思想基础。中国共产党90多年的发展史,就是学习马克思主义、运用马克思主义、发展马克思主义的历史。没有马克思主义的指导,就不可能有中国革命、建设、改革和发展的伟大成功和胜利。因此,必须坚定不移地坚持马克思主义的指导地位。

在马克思、恩格斯的著作中,除了对婚姻家庭及职业生活等领域中的具体道德要求有深刻的论述外,在《资本论》中马克思还比较详细地探讨了信用问题,形成了丰富而比较完整的信用体系。要运用马克思主义的原理,从社会发展和社会关系中分析诚信的本质特征,理解诚信对个体成长、社会发展的特有价值,从思想上对学生进行理论武装,培养他们的诚信信仰。因此,大学生诚信教育首先必须以马克思主义理论为指导,用马克思主义诚信思想教育武装大学生的头脑,使之真正深入头脑、扎根人心,转化为大学生的自觉行动。

2. 现代诚信教育

诚信是中华民族几千年来始终崇尚的基本美德。孟子说:"诚者天之道也,思诚者人之道也。"古代先哲们认为,诚是一切道德行为的基础和处事道德的前提,无诚则无德。就现代社会而言,诚信具有"真诚、诚实、守信""信任、信用、信托"以及"诚信原则"的法律意义等含义,所以当代大学生诚信教育既是诚信道德品质教育和培养的学校道德教育,又是一种社会伦理教育和法制教育。现代诚信伦理教育要让学生从自己的内在需求和现实特点出发,认识道德要求,形成一定的道德认识,产生道德情感体验,进而形成一定的道德信念,并将其内化为道德行为,即实现知、情、意、行的统一。首先,要注重"以人为本"的诚信教育观。在全球化和信息化推动世界经济社会发展和人类社会文明成果共享的同时,也对国家意识和民族文化产生了一定的冲击。因此,在社会思潮多元化、指导思想统一化的前提下,诚信教育必然要以适应新形势为目标,凸显"以人为本"的理念,坚持尊重人、理解人、关心人,有针对性地解决不同学生个人的思想、学习、就业等问题,在解决问题中传播诚信文化和思想。在教育内容、教育方法、教育机制上强调"以人为本"的思想。其次,要注重诚信法制教育。现代社会,人们经济间的往来越来越密切,往往"你中有我,我中有你",陌生人的社会交往带有很大的不确定性,交易往往涉及上百亿资金,如果没有相应的社会信用制度和法律作为保障,将无法保障市场经济的正常运转。因此,现代诚信不仅体现在道德层面,而且也是一种法律规范,体现了契约诚信的特点。所以在现代市场经济中全社会应进行诚信法制观教育,强化公民诚信法制观念,使大学生充分认识到违背这一原则将不仅受到舆论的谴责,而且要受到法律的严惩,从而起到惩戒教育作用。再次,要注重诚信伦理教育。诚实守信不仅是一种道德操守,而且是孕育其他道德品行的基础,它几乎渗透到人的日常生活的方方面面。在市场经济条件下,诚信具有更新、更广的时代内涵,大学生诚信品质体现在大学生的政治追求、专业学习、人际交往、经济生活以及择业创业等方方面面。

(三)大学生日常生活中的诚信意识

1.诚信恋爱

大学生正处于心理和生理的特殊年龄阶段,而且大学校园里也不反对大学生寻找志趣相投的异性做朋友,但是态度必须端正,不能玩弄感情;另外,还必须能够控制自己的言行,做到有所为有所不为。谨慎、负责地对待爱情,树立正确的恋爱观也是对自己负责、对社会负责的一种表现。

2.诚信就业

近年来,大学生就业已成为人们讨论的重点话题。就业压力大引发了一系列不诚信的现象,很多学生为了赢得用人单位的好感,使自己的简历看起来更具吸引力,对自己的简历进行了全方位的包装,篡改成绩、编造各种实习或实践经验、购买各种假证书,通过夸大或假造履历来拔高自己的“实力”。另外,在签就业协议时,很多学生诚信意识、契约意识淡薄,虽然协议已经签订,但还“这山望着那山高”,一旦遇到更好的机会就马上毁约,这让很多单位措手不及。对于大学生心中的顾虑可以理解,但是诚信就业是步入社会的道德通行证,就算以欺骗的方式得到了工作机会,实践中的能力也是无法伪装的。在一个竞争日益激烈的社会里,就业技巧很重要,就业本领更重要,而就业诚信更是不可或缺的。

就业是大学生正式接触社会的第一步,应该守住诚信,否则当诚信的道德底线被突破时,最终将影响人的一生。作为一名大学生,我们应该意识到,诚信是大学生步入社会的道德通行证,是永不过期的民族美德。

3.诚信上网

网络日益成为大学生学习和生活中不可缺少的一部分。大部分学生利用网络查资料、练技能、聊天、看电影、发邮件、写博客等,本来无可厚非,但是近年来大学生沉迷于网络所导致的恶性事件已屡见不鲜,经常看见媒体报道有学生因沉迷于网吧而留级或补考,更有甚者被校方退学,还有些人因过度疲劳而死亡。不少大学生上网时不使用真实资料,利用网络散布谣言、传播病毒、偷看他人邮件、浏览不健康网站、以虚假言行欺骗网友等。有些学生这么做的目的是寻求刺激,放松自己;有些学生是为了发泄,展示自己在现实生活中被压抑的另一面;还有些学生是出于好奇心理,想窥探别人的隐私。这说明我们大学生还没有处理好网络生活与现实生活的关系,网上与网下存在双重人格,将网络作为发泄阴暗面的途径。作为一名新时期的大学生,我们首先应该端正思想,寻找适当的减压方式,真诚面对网络。做到自身真诚的同时,我们还必须提高警惕,谨防上当受骗,提高自身明辨是非的能力。

4. 诚信待人

诚信待人,就是要做到至真至诚,笃实守信。付出真诚,收获信任。人生最大的敌人莫过于自己,怯懦、虚荣都是人生道路上的重重障碍。与朋友交往,诚信是桥梁,待人要真心、诚心,做事要讲信用。诚信待人付出的是真诚和信任,赢得的是友谊和尊重。以诚待人,诚信就会像"随风潜入夜,润物细无声"的春雨,滋润心田,坚持"以诚实守信为荣、以见利忘义为耻",做一个真正的诚实守信的大学生。

大学生是知识精英群体,是未来社会各行各业的建设者。社会、家庭、学校三方面都付出了很大心血来培养大学生,并对他们寄予了较高的社会期望。然而,在诚信缺失的社会背景下,大学生的诚信道德观念和道德行为也存在着令人担忧的各种表现,社会上出现的诚信问题在大学生群体中不同程度地存在。大学阶段是大学生的价值观念、政治态度、思想品质、行为习惯形成并逐渐定型的关键时期,这正是培养他们诚信道德品质的良好契机,要在这个关键时期加强针对性的诚信教育,给予必要的诚信行为指引,把诚信风气引入大学生的道德信念当中,增强他们的诚信意识,造就他们的诚信美德,使大学生成为真正的有用之才。

第四章　人生观教育的重要载体和途径

大学生人生观教育是高校工作中的一项大的系统工程。对大学生进行人生观教育不仅需要理论知识的指导,同时也需要社会实践的帮助;不仅需要学校的不懈努力,也需要家庭的全心投入;不仅需要校团组织的积极组织,也需要大学生社团的积极参与。在大学生人生观教育中,只有将不同的主体、不同的内容以及不同组织机构有机地结合起来,才能从根本上推动这项事业的发展。

第一节　课堂教学

课堂教育是加强和改进大学生人生观教育的基本途径和手段。所谓加强,是指要进一步深刻认识到,马克思主义理论课、思想品德和法律基础课、形势政策教育课、哲学人文社会科学课和各门专业课的整体性,从而站在更高的理论角度对大学生人生观教育进行审视和指导。所谓改进,是指在马克思主义理论课、思想品德和法律基础课、形势政策教育课、哲学人文社会科学课和各门专业课课堂教学中要相互配合、相互促进,将各个专业的作用发挥到最大。

一、高校课堂教学的优点

课堂教学不仅在大学生人生观教育中有着不可替代的地位,更在我国教育、教学体系中有着不可撼动的地位。从实际条件来看,课堂教学我国大学生高校人生观教育工作中的特点以及我国目前大学生教育的实际状况所决定的。完整的课堂教学包括教学目标、教学内容、教材、教学手段以及教学评估等几个基本环节和内容构成,经过历史和实践的检验课堂教学是我国教育体系不可缺少的一个基本要素,其优点主要有以下几个。

(一)课堂教学效率较高

几十年的教学经验和教学实践表明,通过课堂教学,教师可以较快地把人生观教育的内容传授给我国的大学生,这是组织形式比较简单,接受程度较高的一种教学模式。课堂教学的内容、时间等基本要素都是人为制定,如果发现问题可以随时进行更正,教学人员可以有效地的控制这个课堂的进度以及课堂氛围,最大程度的加强大学生对理论知识的理解和运用,保证良好的教学效果。

(二)课堂教学可以最好地利用集体教育的氛围

人们形成知、情、意、信、行的过程是在活动和交往的基础上进行的,大学生虽然已经有了一定的成人意识,但政治、思想、心理仍然处于形成时期的不稳定状态,受周围思想政治环境影响较大,尤其容易受熟悉的同龄人的影响。课堂中学生和学生、学生和教师之间的交流,构成了大学生可以信赖的良好氛围,有利于形成健康的价值观念。

(三)课堂教学是一个长期的、反复的过程

在长期的反复教学中,教育的效果可以不断被巩固和加强。人的价值观念在不断地变化,不同时期主流的社会价值观有是有所差距的,因此从长远来看价值观的课堂教学也会随着时代和环境的变化而变化而且与一些观念会反复出现相适应,这样在这个循环往复的发展过程,经久不衰的理论成果会被保存下来,与稳定的社会价值观相适应。人生观教育渗透在各科课堂教学中,课堂教学又贯穿于大学生四年的学习中,从这个角度来看课堂教学中的人生观建设是一个长期的、反复的过程。

二、课堂教学所面临的问题

(一)教师问题

1.舍本逐末,违背了思想政治理论课的教学目的

"本"即指思想政治理论课的主要内容,也可以是思想政治理论课所采用的教材。"末"是指教材中没有而又必不可少的内容。在思想政治理论课的教学创新过程中,教师往往增加一些教材中没有的东西来调动学生的积极性。这种教学方法无可非议,也有利于扩大学生的知识面,培养学生对某些问题的洞察力。但是过于侧重"末",而逐渐忽视了"本",或是任由"本"被"末"掩盖,便不可取了。这违背了思想政治理论课的教学目的。"舍本逐末"在高校思想政治理论课的教学创新中,还表现为思想政治理论课教师单纯追求教学形式的创新,而忽视了教学内容的整理与优化,以至于思想政治

理论课教学创新达不到预定的目标。

2. 自导自演,忽视了学生的配合

思想政治理论课的教学创新是需要师生互动完成。虽然近几年来,高校开始注重采用互动式教学,发挥学生在课堂上的积极作用。但是我们发现,思想政治理论课的课堂教学还是属于教师的"独角戏"。很多时候都是教师在讲台上讲的天花乱坠,学生在下面却无动于衷,没有丝毫反应。另外,有些教师对师生互动的理解局限于"提出问题—回答问题",单纯地提出问题让学生回答,并不考虑学生的知识基础和关注焦点,最终陷自导自演的境地,即平时所谓的"冷场"。另外,自导自演也表现为思想政治理论课教师只追求创新型教学形式的完成,而忽视了学生在教学过程的及时反馈和表现出来的问题。

3. 重言传轻身教,创新流于形式

人们常说"言传身教",可见,"言传"与"身教"是教学理念中不可或缺的两部分内容。但是,在很多情况下,人们往往重视"言传"而忽视了"身教"。在思想政治理论课中,人们往往认为教师只需要口头宣传党的理论、方针和政策。其实,教师的"身教",以道德楷模的方式来对学生进行引导,比口头宣传更具有说服力,也更容易让学生接受。有的思想政治理论课教师甚至自己都不相信马克思主义理论,又怎能达到教育学生的目的。在思想政治理论课的创新上,许多教师为了响应上级的号召,提出了各种思想政治理论课教学的创新课题,但在实际教学中,却仍然"换汤不换药",使思想政治理论课教学流于形式。

4. 部分人生观教育者认为思想政治理论课是国家意志不用搞科研

有的领导和部门认为思想政治理论教学改革的文章和专著算不上什么学术成果,因而在评奖、发表和考核等方面都存在一些问题,甚至出现了写好文章却找不到刊物来发表的情况。有的教师觉得思想政治理论课的开设是国家行为,教师是在贯彻国家的意志,因此按照有关文件和教材讲就可以了,用不着搞什么科研。而实际上,教好思想政治理论课是很不容易的事情,对思想政治理论课教学的基本内容和精神实质的阐述,必须在研究的层面上去讲解,才能说服学生,打动学生。所以没有科研做支撑,教学就难以达到较高的水平、层次和质量。同时,要搞好思想政治理论课教学,并不是照本宣科的空洞说教就可以取得实效的。思想政治理论课教学所具有的思想性、政治性和意识形态性的特点,决定了它具有不同于其他课程教学的特殊性,它包含着对学生思想、心理、情感的启迪和诱导,以及行为的导向与规约。教师必须在教学中不断认识教学活动的规律,总结出教学的方向性要求,构建科学、合理和实效的教学方法,才能取得较好的教学效果。这也说明对教学方法的研究和改革必不可少。

(二)学生问题

1.积极性不高,或对思想政治理论课教学漠不关心

思想政治理论课在学生方面出现的问题最明显的就是学生的学习积极性不够高。一部分学生,在教师不点名的情况下,出勤率很低。即使到教室里上课,也很少做笔记或认真听课,大多时候不是看其他书,就是趴在桌子上睡觉,或是跟别人聊天、玩手机,课堂纪律差。针对思想政治理论课中采取的各方面的创新形式和内容,部分学生也表现出漠不关心的态度。

2.认可度不高,对各种思想政治理论课创新不配合

随着社会主义市场经济体制的建立,以及西方一些所谓的"自由"、"人权"思想的影响,一部分高校学生对马克思主义理论的基本内容出现了不认同感。他们或是受实用主义的影响,认为思想政治理论只是一种空洞的口号、理论,或是结合社会中看到的一些表面现象以及社会中出现的问题,对社会主义的体制产生了怀疑,从而对思想政治理论课的教学内容产生了不认同感。而这种不认同感在思想政治理论课的创新中就表现为对创新的漠不关心和对各种新的教学方法和途径的不配合。

3.无法坚持到底,对思想政治理论课的创新随波逐流

根据调查显示,一部分学生对思想政治理论课起初非常感兴趣,上课前能按时到教室,上课时认真听讲,积极回答问题,课后也能按要求完成作业。但随着时间的推移,往往会有学生产生厌学情绪,课上看其他书籍或漫不经心,旷课、迟到早退情况也比较多。大多时候都是教师在"唱独角戏",学生对思想政治理论课的兴趣无法坚持到底。这样的学生或许在一开始对思想政治理论课的创新表现出感兴趣和高度的配合,但后来会采取听之任之,随波逐流的态度。

(三)教学过程问题

1.教学方法简单

在传统的思想政治理论课的课堂上,教师单纯地借助口头语言,进行"填鸭式"的教学。现代的思想政治理论课课堂上,虽然出现采用了多媒体课件等现代的教学方式,但内容也只是把教材上的文字放到课件中,课件制作质量不高,难以全方位激发学生的兴趣。同时现有的思想政治理论课课堂忽视了实践教学的运用,缺乏说服力。

2.教材适用性差

首先,思想政治理论课是一门实效性极强的学科,它的教材内容必须紧跟时代的发展。其次,针对不同专业、不同基础、不同地域的学生,采用统一教材,忽视了个性的差异。造成思想政治理论课培养出来的人才缺乏创新性。

3.教学内容重复陈旧

思想政治理论课教学的内容有许多在中学课本上就已经具有,到了大学仍然存在,大学老师所教授的内容在高中时期很多都已经讲过。因此,学生听到大学老师念经般的授课,自然会形成吃嚼过的馍备感无味的淡漠心理,甚至导致厌烦情绪的产生。同时,思想政治理论课的相关教材对许多仍然具有现实合理性的原理和观点,缺乏应用新视角、新手法进行强有力的表述;对许多反映现实变化和面貌的新原理、新观点,没有及时地、普遍地采纳;新兴学科、交叉学科、边缘学科的知识,远远没有得到合理地充分地运用,这又导致了课程内容与学生以前的中学课程内容撞车。

4.理论教学与实践教学割裂

高校思想政治理论课是由课堂理论教学部分和实践教学部分组成的。打造高校思想政治理论课魅力课堂,提高高校思想政治理论课的实效性,必须同时注重优异的课堂教学效果与优异的实践教学效果。在高校思想政治理论课教学中,课堂教学是基础,敷衍课堂教学,思想政治理论课教育就会失去根本;实践教学是深化,轻视实践教学,思想政治理论课教育势必流于空谈。目前高校的思想政治理论课实践环节还没有形成一套普遍有效可行的运作模式,以点代面现象突出,人为随意性很大,直接影响到思想政治理论课社会实践的有效性。有的高校领导在思想意识上将实践教学等同于理论教学,认为那是教师层面的事情,学校负责组织的是诸如暑期学生社会实践这类的实践活动。有的学校利用假期要求广大学生开展社会实践活动,但对于如何确定有针对性的社会实践主题,如何选择合适的社会实践方式,如何实施具体的社会实践,如何撰写社会实践报告以及社会实践的具体要求缺乏系统的培训和指导。这些问题存在的根本原因在于实践环节并没有真正纳入完全的思想政治理论课的教学计划之中,理论教学和实践教学是脱节的。

(四)教学管理方面存在的问题

1.教学安排不合理

高校把绝大多数专业课安排到了上午,而将思想政治理论课安排到了下午或是晚上,甚至是周末,这样学生在经过了一上午或者一天的学习后,极易感到疲劳,有时候教师在下午或晚上还要连上好几班的思想政治理论课。这样的教学安排虽然节约了教学成本,但影响了教学效果。

2.教学规模庞大

近几年,随着各高校的普遍扩招,各个专业的在校生人数明显增多。思想政治理论课的班容量也明显扩大,但思想政治理论课教师却没有进行同步的补充。再者,思想政治理论课一般属于公共必修课,往往是基本专业的人同时上课,大班授课人数上百,甚至是多达数百。这样庞大的教学规模影响了讨论式教学方式开展,也影响了师生的互动。

3.管理制度缺失

管理体制的问题,实质上是高校思想政治理论课的地位问题。中宣部、教育部将思想政治理论课的教学机构作为独立的存在,但在多数高校中它却被归入了二级甚至是三级机构,机构级别比较低,很难决定课程的开设或是课程的设置。同时,思想政治理论课教师只讲公共课,不参与学生的学习与生活,对学生了解不够,很容易把思想政治理论课当做是单纯的知识传授,无法全面发挥人生观教育的功能。

三、课堂教学的创新思路

高校人生观教育工作不仅仅是学校、教师和学生面临的问题,更是一个关系到国民素质教育、事关社会主义现代化建设兴衰成败的问题。有关方面应积极采取措施,把高校课堂教学作为提高大学生素质的关键重视起来。

(一)建设有利于高校人生观教育工作的社会环境

由于历史的原因,人们普遍反感政治,对政治生活不热情。社会上普遍存在着"价值观建设工作就是搞政治"的认识误区。针对这种状况,政府要营造良好的社会舆论,使全社会认识到高校人生观教育工作既具有意识形态属性,又是哲学、人文素质教育的重要内容,对人的全面发展具有重要的意义。

(二)要全面加强教师队伍建设

高校要优化教师结构,选拔聘用优秀专职教师,提高学历和学位层次,提高教师队伍的整体素质;要加强师资培训,组织学术交流,促进思想政治学科建设;要提高思想政治教师的社会地位,保证教师的福利待遇;要加强所有教师的思想政治素质,增强教师的社会责任感和历史使命感,确实把大学生社会人生观教育工作渗透到各门学科的课堂教学中去。

(三)要切实改进教学内容和方法

要坚持和巩固马克思主义在意识形态领域的指导地位,在哲学、社会科学教学中充分体现马克思主义中国化的最新成果,进一步加强邓小平理论、"三个代表"重要思想和科学发展观进教材、进课堂、进大学生头脑工作。要联系改革开放和社会主义现代化建设的实际,联系大学生的思想实际,改变单方面灌输的教学方式,增强教师与学生的互动,利用网络和科技,采用多媒体教学,根据不同的课程要求,采用专题讲座法、案例分析法,等等,增强教学的时效性、感染力和吸引力。每一位教师都应把人生观教育渗透到各门专业课程中,寓情于景,把大学生真正培养成为合格的社会主义建设者。

第二节　校园文化

高校校园文化是大学生人生观教育的一个重要途径。校园文化对大学生的个人品质的形成具有重要的作用,优秀的校园文化能够帮助大学生积累积极向上的能量,帮助其在今后的人生道路上克服困难,勇往直前。

一、校园文化的内涵

校园文化,实际上就是除了课堂以外的所有的与教师和学生相关的教育活动。校园文化是一个内容复杂、形式多变的综合体:思维活动、文化环境、道德关系以及人际关系都有可能成为校园文化的一部分,从而直接或间接的对教师以及学生的产生影响。

校园文化是一所高校不可替代的一部分,它是在长期教学与实践过程中逐渐形成的具有自身鲜明特色的标签,更是彰显该校学生思想观念区别性的重要标志,是学校最生动、最鲜明的名片。

从形态上看,高校校园文化可分为物质文化、制度文化、精神文化。

校园物质文化也被称为"实体文化",是指学校师生员工所创造与创新的各种物质设施所构成的实体文化,包括校园的整体布局、建筑风格、师生员工工作、学习、生活、休息、娱乐的环境,以及景点标志等。

校园制度文化是校园文化形态中的标志,是一所学校为了保障整个教学及工作体系正常运转所制定的一系列管理制度和管理方法,包括管理体制、组织机构、行为规范、规章制度、传统习惯、领导风格、师生关系等。

高校精神文化是校园文化的核心和灵魂，它是在特定的历史背景下，学校为了达到既定的教育目标，从长期的教学和实践活动中逐渐积淀、整合并提炼出来的，它不仅是学校教育思想的集中体现，更是师生价值追求的外在反映，包括道德观念、价值观念、审美观念、心理情感、思维方式、学术风气、治学风格、学校传统和作风等。

二、校园文化与大学生人生观教育的关系

校园文化体现着校园精神、传统和作风以及师生的价值追求，通过良好的育人的环境和氛围达到育人目的是高校教学追求的一个重要目标。而大学生人生观教育宗旨在于培育学术水平扎实、人生追求远大、道德品质优秀的社会主义新青年。从这个意义上讲，校园文化与大学生人生观教育具有共同目的性。

(一)校园文化建设是精神文明建设的重要组成部分

校园文化是社会主义文化的一部分，也是社会主义精神文明建设的重要内容。因此，在校园文化的建设过程中，要坚持党倡导的主流社会文化和道德追求，用先进的马克思主义中国化理论引导学生思想观念的转变，发挥校园文化作为人生观教育的载体作用。

高校校园文化作为我国社会主义精神文明建设一个重要组成部分，是同社会精神文明建设之中的其他优秀文化成分统一的，因此在高校校园文化之中积极的引入社会精神文明建设的其他优秀成果，使得大学校园文化会同其他精神文化引导大学生思想观念的发展，保证社会精神文明建设目标的实现。

(二)校园文化建设是大学生人生观教育的重要途径

1. 校园文化是大学生人生观教育的催化剂

校园文化无论内容如何、形式怎样都必然是一种积极、向上充满正能量的文化，这使得校园文化成为社会主义先进文化的一个有机组成部分。高校校园文化要吸纳中国传统文化中"和谐"思想的内核，承担起以社会主义先进文化来促进社会主义和谐社会建设的时代责任，积极应对和正确解决大学生学习、生活、交往等活动出现新情况、新问题、新变化和新动向。比如同学间竞争合作关系，自身心理压力调整，个人消费差异带来贫富现象等一系列问题等，都需要有一个精神理念来统领人们在处理这些状况时的方式、方法。只有当"和谐"文化进入学生的认知视域，才能在理想、信念、成才和

素质这些理论色彩强烈的主题教育前,有一种柔性的文化精神来驱动,真正解决好、处理好大学生们的实际问题。

2.校园文化有利于引导大学生发挥其在提高人生观教育中的主体作用

高校是全社会重要的文化区,高等教育关系着我国传统文化的传承以及新兴文化的传播,所以无论从传统文化的角度还是从新兴文化的角度来看,高校教育对社会文化的传承和传播都有着重要的作用。高校的教师是高素质的文化群体对教育质量和教育效果有着直接的影响,他们学识、举止、言行以及作风不仅对大学生自身起着示范作用,同时也对受其影响效仿学习的大学生周围的人起着积极的示范作用。

由于社会经历和经验的制约,大学生的人生观和价值观虽然已经基本形成,但是在对价值取向的判断上并没有真正成熟,容易受到朋友、环境等外部因素的干扰,导致认知和行为上的偏差甚至是错误。如果经过良好的校园文化熏陶,大学生虽然进入社会之后仍然存在社会经验不足等问题,但是他们坚定、明确的人生追求和价值取舍可以帮助他们选择最正确的选择。另外,坚定的人生追求可以帮助大学生建立起强烈的自信心,并以饱满的热情和活力感染周围的同学和朋友,发挥自己在人生观教育中的主体作用。

3.校园文化为大学生人生观教育增添了丰富内容

校园文化具有整合、引导、塑造的作用,对大学生人生观教育具有效果显著的影响力,这在很大程度上丰富了人生观教育内容。

(1)高校校园文化具有追求务实、追求崇高的凝聚力

在当代,这种崇高的精神境界就是"以人为本"的人文精神,"求真务实"的科学精神,"着眼未来"的超越精神和"自强不息"的奋斗精神。正是由这些精神因素的存在,才能聚集成建设有中国特色社会主义的共同的理想,把师生的智慧和力量团结到构建和谐校园的共同事业之下。

(2)校园文化对大学生具有重要的教育导向作用

通过校园文化丰富多彩的方式,大学生可以得到精神上的熏陶和教育,从而帮助他们形成乐观自信、勤奋敬业、严谨笃学等优秀的人格品质。校园文化对勤奋、踏实、诚实、守信、敢于创新的良好学风,以及崇尚科学、严谨求实、善于创新的良好校风具有极为有利的促进作用。在良好校园文化的帮助和促进下,大学教育才能将其最大的作用发挥出来。

(3)校园文化具有源源不断的创造力

大学作为思想最活跃、最富有创造力的地方,以及新知识、新思想、新文化的发源地,其创造力主要来自担当社会责任的知识分子群体追求真理、体现公平正义的社会理想,发挥着文化对社会进步的强大影响作用。文化可以作为一个维系民族、社团、集体的共同价值取向,使更多大学生在对这一

共同认知追求中,走向真善美的人格。

(三)校园文化建设有利于提升大学生的素质

大学生主体的全面自由发展是高校校园文化建设实践中的价值目标。在校园文化建设之中,大学生承担着主客体合一的身份。校园文化为大学生借鉴他人经验进行自我教育提供了一个良好的场所,因此从这个意义上说,校园文化是基于大学生的自主选择性的大学生的自我教育。因此在校园文化建设的过程中,各级领导部门坚持弘扬主旋律,要对大学生进行世界观、方法论的教育,提高他们分辨是非的能力,自觉抵制不健康文化的影响,为青年大学生的全面发展提供更为广阔的空间。

三、建设校园文化的有效途径

高校校园文化中有精神文化、物质文化、制度文化、行为文化和媒体文化系五个不同的层面,其中,精神文化是核心,物质文化是基础,制度文化是保障,行为文化是途径,媒体文化是载体。要想科学引导和发展校园文化,需要在人生观教育体系下,协调好这几个层面的建设,

(一)加强校园精神文化建设

校园精神文化是高校校园文化的一个重要组成部分,它在整个高校校园文化体系中居于主导地位。良好的校园精神文化对整个教育领域、社会文化、学生和学校的发展具有重大的促进作用。只有优秀的精神文化才能孕育出优秀的学校教育。所以,发展高校精神文化,既是社会主义精神文明和社会文化发展的需要,也是搞好高校校园文化建设的关键。

1.要逐步开展校风、教学和学风建设

校风是一所学校的风气,思想以及治学态度的总称,它与学校风貌和全部师生的精神追求以及精神态度有紧密的联系,是一所学校所处的一种综合状态。校风建设作为校园精神文化建设和隐形文化制度建设的一项重大内容,虽然其措施没有强制力,但其对师生员工行为的影响反而是更大的,并且是无形的。在校风建设的过程中,应该在社会主义文化价值观的指导下,制定合理的措施,促进良好校园风气的形成。

一般情况下,校风建设的渠道主要有教风建设和学风建设这两种。

教风建设,是引导学校校风的一个重要内容。教师通过其职业道德、工作态度、专业知识、教学能力、教学方式的综合表现,对全体学生具有身教的重要意义,能够在无形之中实现道德育人的重要目的。

学风建设，是校风建设的主要组成部分，是大学生在学习上表现出来的精神风貌和行为作风。学风建设能够督促在大学生内部各个独立的群体之中形成一种积极向上的良好治学态度，激发学生参与学风建设的自主性，培养勤奋、严谨、求实、创新的优良学风。[①]

2. 充分认识和利用广播、校刊、校园网络等宣传舆论阵地

广播、校刊、报廊、校园网等宣传舆论媒介是校园精神文化建设的主要阵地，在校园文化建设中具有特殊的重要位置。我们要站在时代的高度，走在信息革命的前列，以敏锐的眼光认真研究、总结和把握网络文化的客观规律，充分利用网络这一载体积极开展思想道德教育，正面宣传和繁荣校园精神文化，"要全面加强校园网的建设，使网络成为弘扬主旋律、开展人生观教育的重要手段。要利用校园网为大学生学习、生活提供服务，对大学生进行教育和引导，不断拓展大学生人生观教育的渠道和空间。要建设好融思想性、知识性、趣味性、服务性于一体的主题教育网站或网页，积极开展生动活泼的网络人生观教育活动，形成网上网下人生观教育的合力。"并且要由专门的老师加以指导和把关，加强对网络的监督，把握正确的舆论导向，抵御不良影响，强化网上自律，占领校园网络阵地，建设健康文明的网络文化，从而提高校园精神文化和人生观教育的针对性、实效性和主动性，扩大覆盖面，增强影响力，以受到广大师生的欢迎。

3. 开展各种校园文化活动，发挥学生社团的作用

学校要通过多种多样的校园文化活动，为学生创造一个自我发挥和自我锻炼的平台，帮助学生提升自己的文化修养和精神境界。开展校园文化活动是提升学校校园文化的一个重要方式，它不但可以吸引大批的学生参与到其中，而且会营造出良好的校园文化氛围。学校社团是开展文化活动的良好主体，它全部由学生自己组建而成，在文化活动的举办上更能贴近大学生的现实生活，易于他们接受。一般来说，学校或者社团开展校园文化活动，应该从以下几个方面入手。

（1）开展人生观教育类活动

人生观教育类活动是提高学生思想道德素质的重要途径，是最能体现中国特色社会主义大学校园文化的活动形式。高校校园应该充分利用我国人生观教育的优秀资源，让大学生在各种活动中了解、学习、传承中华民族文化传统和民族精神，比如开学典礼、表彰大会、五四青年节等。

（2）开展学术科技活动

[①]　周凌云.论新形势下高校校园文化建设.教育与职业,2009(32)

学术科技活动是大学校园文化活动对智育和创新教育的一个有效补充。在学术科技活动,学生能够深化、扩展课堂所学知识,培养自身的创新精神和实践能力,领略新学科知识,比如学术讲座、科技创新大赛、科学文化节等。

(3)开展丰富多彩的文艺活动

文艺活动是大学生美育和体育的重要补充。在文艺活动中,大学生不仅能够锻炼自己的审美能力,获得自我实现感,还能够起到营造文化氛围、展现自我风采、陶冶自我情操、愉悦自我身心的作用。

在开展校园文化活动的过程中,学生社团甚至可以作为校园文化的主要组织机构,社团灵活的组织形式、具有活力和激情的大学生成员,能充分调动活动参与者的热情。实践证明,大学生社团及其活动不仅可以丰富学生的闲暇时间,还能陶冶思想情操、锻炼才干、提高综合素质,使校园精神文化得到广泛传播。

(二)完善校园物质文化

校园物质文化是学校内物质范围的文化层,"物质本身并不是文化,而这些物质的文化蕴涵在于,这些物质都是由人创造的,是人们的精神世界的对象的物化,任何人造物上都蕴含着人们的某些思想、情感等精神内容。"所以它对学校的教育工作及师生员工学习、生活都可带来不可忽视的影响作用。如何建设校园物质文化,我们应从以下三个方面着手。

1.重视校容校貌建设

校容校貌建设包括学校的建筑风格、绿化美化的程度、自然风景特色、环境整洁水平、设备现代化层次等。校园内应有与本校相关的大家、名师的雕像,主题文化广场,校友捐赠的奇石,校园的花草树木,学校的文明标志牌等。校容校貌建设这种物质文化一方面能够通过治学前辈的名言在精神上激励大学生进一步前行,另一方面能够通过包括学校格局在内的各种"艺术精品"培养大学生的审美情趣,强化大学生辨别美的能力。

2.注重校园人文环境建设

校园人文环境是一个大学生对自己学校最为值得自豪和骄傲的内容。"大学之大,非大楼之大,乃大师之大"。大师之大总起来说就是校园的人文环境建设,大师的精神传递要通过校史、板报、宣传窗、校训标志、电子标语等方式向学生进行传播。所以校园的人文环境建设能够起到对师生的人文情趣的引导作用。

(三)健全校园制度文化

校园文化是我国社会主义精神文明建设的重要组成部分,在构建过程中必须始终坚持社会主义方向,弘扬主旋律,倡导新风尚。校园制度文化是对高校师生的培养目标和发展方向提出的进一步规定和具体要求,它作为校园文化的内在机制,是维系学校正常秩序必不可少的保障机制,是校园文化建设的保障系统。高校校园文化建设特别需要进行科学的管理,最大限度地发挥校园文化活动的各种功能。

1. 加强队伍建设

队伍建设是校园文化制度建设的重要物质基础。因此,队伍建设对高校制度文化建设起着决定意义的作用。通过有效的制度文化建设,形成在学校党委的领导下,党政工团齐抓共管、分工负责的管理体制。[①]

2. 加强制度建设

制度建设是文化制度建设的一个重要载体。学校各级领导对此项工作应该高度重视起来。在校园文化建设的过程中,各级党委要建立健全校园文化管理制度,建立健全校园文化评估制度,使学校各项工作有章可循。

3. 加大经费投入

校园文化建设需要一定的经费予以支持和保证,没有必要的经费支持,再好的办法和措施也难以实现。高校要把校园文化建设经费纳入学校预算,尽可能在人力、财力、物力等方面加大投入,确保校园文化建设的各项工作能够顺利开展。要采取有效措施,及时解决校园文化建设中遇到的实际问题和困难。

第三节　组织建设

班级是高校大学生组织的基本形式。班级是大学生自我教育、自我管理、自我服务的主要组织平台,也是大学生学习、生活的基本单元。在当今多元文化形势下的社会,对于刚刚走出家门的大学生来说,班级的意义远远超出上面简单的定义。

---

① 徐洁,周全,伍晓雄.关于加强高校校园文化建设与管理的思考.黑龙江教育学院学报,2010(4)

一、大学班级建设的必要性

需要是个体在生活中感到心理某种缺乏而力求获得满足的倾向,它是个体自身和外部生活条件的要求在头脑中的反映。需要既是个人的一种主观状态,又是现实要求的反映,总结起来班级建设的必要性主要基于大学生以下三个需要。

(一)爱与归属的需要

在班级这个群体中,每个人都希望有一席之地,希望获得教师和同学的尊重,希望归属于群体之中。在新的大学环境中,新生来到学校,发现这里与自己所熟悉的高中生活完全不同,没有固定的班级场所,没有经常性的班级会议,有的只是一群上自习的陌生同学。新环境带来新的爱与归属的需要。在这个环境中,一时之间他们还没有找到满足自身需要的方法。

(二)尊重的需要

由于各种名目繁多的评比,使得学生与学生之间一直处与一种无声的竞争之中。而且竞争的结果本身已经给许多学生带来了自尊的危机,而学生本身不成熟的话语往往带来一种同学间无形的伤痕。这些发生在学生群体之间的事以及他们敏感的心理变化很难为人们所知。大学生跳楼事件频频发生恰好为这一观点提供了佐证,说明高校教育人文关怀的缺失。班级建设正好着眼于这一点,它可以让学生体会到集体的温暖与力量,在同学和朋友的关心下逐渐找回自信。

(三)自我价值和乐趣的需要

大学生所学习的知识多数是非常接近实际生活的,所以在其成长过程需要充满信心和希望,需要不断地体验成功感、价值感。这样他才会继续努力去实现自己更大的价值,展示自己的才华,从而获得生活和学习的乐趣。但事情不可能永远都按照自己设想的轨道进行,在遭受挫折之后大学生的心理会出现各种各样的变化,这时来自教师、家长和朋友的帮助格外重要,他们需要从班级的关怀中获得温暖,逐步找回自信,慢慢完成自身的蜕变。

二、班级建设的作用

(一)班级文化对大学生的人生具有重要的导向作用

班级文化反映的是作为社会群体的班级所有或部分成员的价值观念和行为准则,是班级成员的言行倾向、班级人际环境、班级风气等为其主体标识,是班级师生通过教育、教学与管理活动,形成的精神财富、文化氛围以及这些精神财富、文化氛围的物质载体。班级文化包括环境文化、制度文化两个层次。

班级环境文化是指班级的物资环境及其寓意,包括班级基本标识、应用标识、班容班貌等。它属于班级文化的硬件,是看得见、摸得着的东西,是班级文化的基础及其水平的外显标志,是一种硬件文化。心理学研究证明,优美的班级环境能够美的教室环境能给学生增添生活和学习的乐趣,消除学习后的疲劳。更重要的是,优美的学习环境有助于促进学生奋发向上,增强班级的凝聚力。

班级制度文化是将班级全体成员共同认可并自觉遵守的行为准则以及监督机制所表现出来的文化形态,如规章制度、公约、纪律等,它是班级文化的载体和基础。班级制度文化是形成良好班风的关键,要十分重视。

(二)班级活动具有极强的团队凝聚作用

班级凝聚力是指班级吸引其成员,把成员聚集于班级中并聚合为一体的作用。高校班级凝聚力是班级成员对于班级组织、班级制度、班级文化的认同。这种认同的巨大作用表现在两个方面。

(1)班级成员愿意为班级的共同志向承担风险,付出劳动,为班级活动获得的荣誉感到骄傲自豪。

(2)班级组织能够在各个方面上认同自己的班级成员,把每一个班级成员都视为班级家庭的一部分,班级不再是少部分人的班级,而是所有成员的班级。

以班级为单位组织开展的各种活动可以充分激发班级成员的集体荣誉感、增强班级的凝聚力,尤其是文艺、体育和科技竞赛活动,把班级成员的个人利益与班级的集体利益紧紧地联系在一起,使个人利益服从集体利益,个人与班级"同甘共苦",能够有效地增强班级的向心力和凝聚力。班级成员的这种使命感、自豪感和归属感无疑有助于其形成良好的纪律观念、团结协作精神。

(三)班级管理的成才平台作用

班级建设是大学生实现自我管理、自我教育、自我服务的重要组织载体,通过参与班级建设,大学生能够提高自己的组织协调能力、语言表达能力及交际能力,提高综合素质。尤其是班级干部,通过接受辅导员的培训和亲身参加班级各种管理活动的筹划、组织,其综合素质能够得到显著提高。

当代大学生思想非常活跃,表现欲望和成才意识强烈,大学校园的各种文化体育科技活动为他们锻炼才干、展现自我价值提供了很好的机会。因此让班级组织的每一个成员都有机会参与到班级管理中,对于班级成员的成长成才具有巨大的帮助。杜威说:教育即生活,学校即社会。班级是一个小型社会,在这个社会中最有利于开展雅典式的民主教育,积极主动地开发高素质人才政治思维能力。

另外,组织班级成员参与到班级管理中去,对他们走上工作岗位上后快速适应和融入社会也有十分积极的作用。

三、高校班级建设的方法

大学班级建设主要通过对班级的管理实现,管理成果的好坏取决于采取的管理方法。班主任、辅导员是大学生班级建设的责任主体和实施主体,在班级建设和管理中,班主任、辅导员有必要也有责任系统的学习和掌握一些基本的管理学方法,科学进行班级建设。

(一)民主制定班级规章制度

1. 促使学生自主理解班级制度,反思自身发展状态

在班级组建之前,学校以及教育部门已经根据我国的教育法以及相关的管理规定对制定了通行的"学生日常行为守则",我们不能否认,这些通行的规则和制度,充分结合我国大学生日常学习和生活习惯,具有比较强的针对性;但问题依然存在,因为这些规则是着眼于我国大学生的整体制定的规则,只能对典型的、带有普遍性的大学生日常行为具有指导、约束作用,但不断变化的时代以及鲜明的个性使得这些规则并不能完美的适用于每一所学校、每一个学生,这些规则仍然存在很大的改进空间。

2. 策划班级生活方向,提高班级生活质量

大学生个性鲜明、活力十足,班主任、辅导员在进行班级建设、组织策划班级活动时,应该充分考虑他们的这些特点。另外,最重要的是要尊重大学生的"民主"权力,尊重他们的意见和贡献,通过一系列的鼓励行为和措施让他们参与到班级建设中来,为班级建设出一份力。在班级建设的实际操作中,班主任或辅导员可以采取下面两个措施来实现这个目标。

(1)结合班级的实际状况,有针对性的制定班级内部特用的公约,不一定需要有整齐、华丽的外表,但必须获得全班同学的支持。

(2)坚持"实事求是,与时俱进"的精神,每个学期、每个学年都要根据班级成员发生的变化对班级公约进行调整和修改。

(二)整体安排系列主题活动

1. 根据班级发展计划,协调不同阶段的活动

在制定班级计划时,比较常见的情形是照搬学校层面的"德育工作计划"之类的文件,将学校部署的相关活动填写在本班计划之中。这固然可以直接响应"上级"指示,但也有忽视学生需要的可能。为了避免这种状况的出现,我们应该根据班级所处的环境、班级成员的心理状态等因素灵活地实施上级的"文件""指示"以及"命令"等。在加强班级建设的第一个学期中,班主任或辅导员应该从整体考虑班级建设以及组织、策划各种班级活动,与学校的学生管理和班级建设相互呼应,建立良性循环。

2. 根据班级活动需要,安排学生分工合作

进行班级建设,开展学生活动并不意味着活动开展的越多效果就越好,大量的实践经验表明,学生活动次数的多少与班级建设效果的好坏没有必然联系。在开展班级建设的过程中,班主任应该充分发挥大学生自身在班级建设和开展学生工作上的作用,引导他们充分开发和利用自己活跃的思维,而不是一人包办所有工作。

在开展班级建设的过程中,班主任可以将学生组织起来,让他们通过分工合作,自主地组织和开展各种班级活动,这不仅可以充分发挥大学生参与班级建设的热情,也可以有效地锻炼和提高他们的实践能力,一举两得。

(三)建立通畅的沟通渠道

1. 利用常规沟通渠道,及时交流成长体验

教师与学生沟通的形式和方法是多种多样的,不同的沟通渠道有不同的作用,沟通的结果也往往有很大的差异。虽然有时候采用非常规沟通渠道和沟通手段能够取得意想不到的效果。但是利用非常规的渠道进行师生之间的交流需要一定的条件,比如有时候需要技术设备的支持、有时候需要学生周围环境的配合,因此非常规沟通只是少数情况,常规渠道的沟通仍然是师生交流和沟通的主要方法和渠道。因此,在师生沟通的方式和渠道的选择上,我们不能忽视常规渠道的作用,一味地追求非常规渠道的沟通。

2.开发利用网络平台,提升学生交往质量

随着电子信息技术的发展以及网络的迅速普及,当前师生之间通过聊天软件(QQ、MSN)、电子邮件以及 BBS 等现代化信息手段进行交流已经不再是什么新鲜事了。通过这些社交网络工具的帮助,教师不仅能够随时随地与学生进行思想上的交流,还能比较具体的了解学生的生活以日常行为,并且还能够增进双方的互动,沟通效果极为良好。

3.利用班报深化理性思考

班报是班级建设的一个重要手段,它的作用加强班级成员间的交流和互动,营造出良好的班级环境和氛围,并且能够增强班级的凝聚力。在班报上学生之间、师生时间可以进行深层次的交流和沟通,因为班报凝聚着每个参与人员的智慧,班报的是师生自会凝聚在一起的产物。另外,我们还可通过班报活跃班级文化生活,增进师生友谊。

4.利用班会全面加强沟通

班会我们并不陌生,实际上它也是班级建设的一种手段。班会通常在课堂上进行,但是实际上班会无论是在开放性上,还是参与的自由度上都比课堂教学要更好,班会上的思想碰撞往往会激起创新火花,起到意想不到的效果。因此,在班级建设中,班主任或辅导员应该对班会的作用提起充分的重视,并通过形式、内容等方面的创新,从而充分发挥其在班级建设和活跃学生思想上的重要作用。

(四)自主构建多元评价机制

高校希望对学生的评价可以充分被学生接受和认可,并充分发挥出其更多的教育作用,因此我们应该更注重学生的发展性的评价而不是结论性评价。在这方面,教师可以尝试以下几种做法。

1.评价岗位职责的履行情况

班级工作的开展应该在科学计划之下进行,这样才能保证其正常的秩序和开展效果。一般来说班级管理工作计划要与班级管理岗位设置向配套,通过科学合理的班级管理计划,将班级管理的所有工作都科学的安排到每个岗位之上,并敦促他们认真施行、负责到底,从而保证整个班级管理和建设工作的顺利进行。

2.评价发展目标的实现程度

(1)评价主体多元化,改变过去由班主任一人说了算的做法,改以"学生自评、小组评价、班委评价、班主任及科任教师评价"相结合的方式进行。

（2）丰富评价的内容，例如，在"三好学生"、"优秀班干部"外，还设置多种奖项，如学习、劳动、体育、宣传"积极分子"，"文明学生"，阶段性的"班级之星"等。

（3）阶段性评价与日常评价结合起来。每周通过班务会及时表彰班内表现突出的学生，通过班级日志记录班内的好人好事，或指出学生存在的不足与问题，并给出建议。

（4）建立学生成长档案袋，由学生自主收集本人成长过程中最有代表性的各项材料，如最满意的一份作业、试卷、作品、奖品等，每学期进行一次整理，由学生保存建档，记录、反思成长过程。

3.评价班级活动的教育价值

班级活动的教育价值，最终体现在学生身上。学生作为发展主体，应该形成并彰显出对这些教育价值予以反思、评价的能力。只有这样，学生的主动发展意识才能被真正激发出来，他们的主动发展能力才能真正得到培养。学生个体的学习活动、学生小组的合作活动、班级整体的主题活动，这些活动的成效都可以由师生共同评价。

第四节　社会实践

大学生社会实践具有特殊的功能和作用，已经成为高校人才培养的重要途径。通过社会实践这一重要途径，大学生才能深刻理解人生观教育的目标，才能真正树立正确的人生观、价值观和世界观。

一、大学生社会实践的含义与分类

（一）大学生社会实践的含义

组织高校大学生参加社会实践是中国特色社会主义高等教育的重要组成部分，是全面贯彻党的教育方针，推进大学生素质教育的重大措施和不可缺少的环节，是促进教育与科技、经济结合的重要形式和途径。中国高等学校具有开展社会实践的优良传统。以清华大学为例，大学生在4—5年的本科学习中，要参加军训、公益劳动、生产实习、"真刀真枪"的毕业设计，在暑假的第三学期，还要走上社会，走向工厂、农村，进行科技服务、科技咨询、社会调查、生产劳动。改革开放以后，社会主义市场经济的建立以及高等教育体制改革的不断深化，对人才的全面素质提出了更高的要求，社会实践对于青年学生全面素质的提高具有更为突出的作用。

大学生社会实践是人类实践活动的重要组成部分;是大学生在学习过程中学习知识、理论联系实际的应用与创新的活动;是在成长成才过程中改造主观世界、促进自身全面发展的活动;是在走向社会过程中与生产劳动和人民群众相结合的,适应社会、承担社会责任的活动;是高校人生观教育的重要途径。

(二)大学生社会实践的类型

大学生社会实践,包括教学计划内的实践环节和教学计划外的实践活动①。教学计划内的实践环节主要有教学实践、专业实习、军政训练等;教学计划外的实践活动主要有社会调查、生产劳动、公益活动、志愿服务等。

近年来,计划教学之外的,以了解社会、接近人民、培养能力、增长才干为主要目的教学计划外社会实践正在逐渐成为大学生实践的主要形式。就当前情况而言,我国当代大学生社会实践的基本类型有大学生勤工俭学和大学生志愿服务两种。

1. 大学生勤工助学

勤工助学指"学生个人或者团体,以获得或改善学习条件为基本目的,将教育与学生社会实践紧密结合,全面培养学生素质和能力而进行的教育经济活动。"

勤工助学也有校内校外之分,在实施过程中二者的主要有两个方面的不同:第一是安全问题,校内的勤工助学工作岗位安全可靠,校外的勤工助学活动就比较复杂了,安全性难以得到保证;第二是时间、精力问题,校外勤工助学花费的时间和精力较多,校内勤工助学,就比较节省时间和精力;第三是报酬问题,校外兼职的报酬要高于校内勤工助学。

(1)学校勤工助学部门

为了帮助学生提高学生的综合素质,帮助家庭条件困难的贫困学生,每个高校设置了勤工助学部门。一般来说,学校不同其勤工俭学部门的设置和运作模式会有所差异,但总结起来学校勤工助学部门能为学生提供的工作主要有以下几个:

第一,家教。家教是大学生勤工助学中最常见、最传统的形式。学校为学生提供家教职位主要考虑两个方面的原因:首先是因为大学生的能力足以胜任家教工作;其次是市场认可大学生作为家教的工作能力。

第二,校内商业实体。每个高校校园内部基本上都有超市、书报亭、文

---

① 龚贻州.大学生社会实践指南.武汉:武汉工业大学出版社,1988,第14页

印店等实体商业组织。就目前来看,除了一部分引入市场运作的高校,大部分高校都是将这些工作机会留给了学生,这些岗位包括售货员、服务员、打字员,甚至是实体经理。通过这些岗位的实践,在工作岗位上工作过的学生会得到明显的锻炼,提高自己的实际工作能力。

(2)校外兼职

通过校外兼职,大学生们可以更直接、更广泛地接触到社会,在社会中锻炼自己的才干,实现自我的价值。校外兼职的一般以在企业和媒体为主,也往往跟所学专业有关。在校外兼职过程中除了需要注意安全问题之外,还应该懂得如何维护自己的权益。

2.大学生志愿服务活动

从培养内容上看,大学生志愿服务活动主要可分为校内志愿服务活动和校外志愿服务活动。

(1)校内志愿服务活动

第一,意志品质培养活动。大学生意志品质的培养是高校教育非常重要的一个内容,这种类型的实践活动都是以班级为单位,由团委或支部组织开展的。比如义务清洁活动、公益知识宣传活动等。

第二,公益服务活动。公益服务活动不仅可以锻炼大学生的社会实践能力,还能够培养大学的社会服务意识,对提高大学生的思想道德境界具有重要的作用。常见的社会公益性服务活动有环境保护宣传等活动、献血服务宣传、艾滋病预防宣传等。

第三,专项大型志愿服务活动。专项大型志愿者服务活动对锻炼大学生的社会实践能力具有极为有效的作用,因为在这些活动中大学生可以充分利用所学的专业知识和技能。常见的大型职员服务活动有为大型会议提供翻译、接待、会务组织等服务,在迎新、毕业、校庆、院庆等活动中为组织方提供志愿服务等。

(2)校外志愿服务活动

第一,大学生志愿服务西部计划。这项计划通过引导大学生到西部去、到基层去、到祖国和人民最需要的地方去建功立业,促进西部贫困地区教育、卫生、农技、扶贫等社会事业的发展,拓展大学生就业、创业的渠道,努力培养造就一大批既有现代科学文化知识、又有基层工作经验和强烈社会责任感的优秀青年人才。这项计划从 2003 年开始,按照公开招募、——自愿报名、组织选拔、集中派遣的方式,每年招募一定数量的普通高等学校应届毕业生,到西部贫困县的乡镇从事为期 1—2 年的教育、卫生、农技、扶贫以及青年中心建设和管理等方面的志愿服务工作。

第二,扶贫接力计划。"青年志愿者扶贫接力计划"是中国青年志愿者行动的重点项目,以公开招募和定期轮换的方式,组织具有大专以上学历的大中城市青年,到贫困地区从事半年至 2 年的教育、农业科技推广、医疗卫生等方面的志愿服务,服务期满后,由下一批志愿者接替,形成接力机制。

第三,大型经济、体育、文化活动及社会公共活动场所志愿者服务。大型活动,如北京奥运会等重量级体育赛事,申报世界级文化遗产,创建全国优秀旅游城市等社会活动都是需要大批志愿者齐心协力,共同服务的。在活动举办的过程中,很多大学生志愿者担任讲解服务员,这既可以服务群众,又有利于学生们自身增长知识,提高综合素质。

面对新形势、新任务,高校必须采取有力措施,推动社会实践的创新发展,使之在促进大学生全面发展成才的过程中发挥更加积极的作用。

二、大学生社会实践的特点

(一)目标性

人生观教育社会实践目标是检测人生观的教学成果,并对让大学生通过实践活动积累自己的实践经验,为自身今后的发展打下良好的基础。高校开展实践教学的目标应该要与人生观教育的总目标相呼应,在实践中检验理论教育的成果,利用理论知识来指导实践活动。

人生观教育的目标主要有以下几个。

1. 知识目标

马克思主义世界观和方法论是科学认识世界和改造世界的有力工具,也是人生观理论教育的必备内容。此外,在人生观教学过程当中,还要使通过理论与实际的结合教学,让学生意识到哪些实践经验是和感性的知识是必须从时间中获得的,从而帮助他们加深对人生观教育的领悟和理解。

2. 能力目标

能力目标也是人生观教学的一个重要目标。能力目标是指实践活动在帮助大学生完成从书本到现实,从理论到实践的飞跃,提升大学生的个人素质和综合能力。

3. 教育目标

我们这里所说的教育目标专指大学生人生观教育的“育人”功能,通俗的说就是寓教于行,以行育人,通过环境的考验和磨练让学生在实践生活中认识社会、认识人生、接受教育、学会做人。

4. 政治素质目标

是指通过实践教学把大学生培养成为中国特色社会主义事业的建设者

和接班人。

(二)主体性

大学生社会实践最主要的特征是实践性,换句话来说就是实践主体本身的积极性、主动性和创造性决定了实践活动的具体走向和最终结果,因此我们说社会实践效果的强弱与好坏与实践主体有着密切的关系。传统人生观教育体系的中心是理论知识和教师,而现代人生观教育更注重对主体潜能的开发和利用,将社会实践作为人生观教学的核心。

(1)实践教学以培养、提升学生的主体性作为目的,而不是单纯地灌输政治观念和理论知识。

(2)现代人生观教育实践教学在整个过程中都注重学生的主动参与和亲身体验,学生在活动中处于主体地位。

无论是实践课题的选定、材料的搜集或者具体实践活动的选择和开展,都需要学生主体的参与,离开他们无论是人生观的理论教学还是实践活动都具有难以完整的实施和完成,更谈不上最终效果,因此学生的主体性是实践教学的本质特征之一,在人生观教学过程当中要对其给予足够的重视。

(三)多样性

大学生社会实践并没有固定的形式和内容,在开展实践活动时,组织者应该根据教学对象的特点及其所处的校园环境以及社会条件进行灵活的规划与操作。通过上面的介绍我们知道,大学生社会实践的类型并不是只有一种,并且统一类型的社会实践也有很多不同的组织形式。比如,大学生社会服务型社会实践可以采用志愿服务、暑期三下乡、智力扶贫、政策宣讲、支教、支农等形式。

(四)经验性

辩证唯物主义认识论强调实践是认识的基础,要获得知识,既要重视直接经验,即通过亲身实践得到的经验,又要学习间接经验;而要把握课堂传授的间接经验,丰富和发展间接经验,还必须通过实践活动。人生观教育实践性教学引导学生动手动脑,实现对事物的亲身体验,获得理解问题的直接经验,掌握发现问题和解决问题的方法,并且在亲身体验和获取直接经验的过程中逐步形成正确的世界观、人生观。

三、开展大学生社会实践活动的主要方法和途径

（一）大力推进社团型社会实践

社团是大学常见的一种学生组织，它并不是由学校组织的成立的正式校方组织，大多数是由兴趣和爱好相同的学生聚集在一起自发成立的，社团都有自己的目标、组织章程以及活动方式的学生群体组织。社团在社会实践上具有惊人的号召力，高校应加强学生社团的管理，引导大学生参加积极向上、健康有益的实践活动。

1. 切实树立以学生为本的服务理念

进入新时期以来，党在新世纪新阶段对包括青年工作在内的各项工作和事业提出了新的要求，以邓小平理论和"三个代表"重要思想为指导，坚持科学发展观，以人为本，把青年学生的利益作为一切工作的出发点和落脚点，为党和国家培养输送具有崇高政治理想和人生信念，拥有创新精神和实践能力的青年人才，这是高校社团组织的历史使命和神圣职责，也是开展服务育人工作的重要目标。要牢固树立学生人生观教育以学生为本的观念，尊重学生的主体地位，尊重青年的身心性格特点，遵循大学生的成长规律，这是社团做好大学生人生观教育工作的基础。

2. 建立大学生社团型社会实践的长效机制

社团虽然是自发形成的，也有自己的规则和章程，但是无论从组织形式还是人员框架来看社团都算不上一个严密的、稳定的组织，因此高校相关部门应担负起主要的管理和引导方面的职责，保证社团的稳定健康发展。在对社团活动的引导上，应该坚持"宏观控制，微观搞活"的基本原则，即在社团活动规则和组织制度下开展实践活动，并将人生观教育体系为活动组织的基本原则。

学校通过对社团的引导和调控可以充分发挥出社团对大学生实施自我教育、自我管理、自我服务的作用，让各类学生社团的活动各具特色，形成勇于创新的社团实践活动新局面。

在社团管理和引导中高校要及时发现社团在组织实践活动过程中存在的各种问题，并进行及时的矫正和调整，从而保证社团实践能够有序、有效地开展下去。另外，高校还应该组织人员积极在社团中建立党团组织，进一步发挥党员学生和团员干部在社团中的带头模范作用，让他们用社会主义核心价值体系凝聚学生，帮助大学生成长与成才。

(二)加强组织管理,建立健全社会实践的运行机制

目前,我国的大学生实践活动呈现出越来越社会化的趋势。这里所讲的社会化包含两个方面的意思。

(1)大学生实践活动已逐渐发展成为社会、学校、学生共同参与的一项社会系统工程,在这个系统工程中,大学生社会实践活动不再是教育部门或者学校的事情,而成为能够充分调动一切社会力量的社会性工作。大学生活动越来越从学校、学生的单向行为转变为社会多角多边的互动行为。

(2)大学生社会实践活动越来越成为学生个人社会化发展的重要因素,它拓展了大学生的生活空间,丰富了大学生社会化的内容与途径,符合大学生成长与发展的需要。另外,由于社会对大学生素质要求越来越高,大学生就业压力增加,使得大学生参加社会实践活动的主动性和自觉性增强。作为学校要把社会实践落实到位,高度重视。

1.从思想上高校领导和实践组织部门要高度重视

事实表明,只有上下结合形成合力才能最大限度保障大学生社会实践的顺利实施,这也就是说除了社会实践活动活动的组织部门和大学生自身之外,高校领导也要对社会实践高度重视,加强对社会实践活动的支持和指导,调动各组织部门进行科学合理的统筹安排。

2.加强组织管理机制的规范化建设

社会实践的各项措施如果想要顺利的实施并完成,需要规范的组织管理机制来保证其落实以及应对实施过程当中的各种突发状况。建立组织管理机制首先要确定社会实践的目标,然后根据这一目标明确学校组织系统中需要参与到时间活动中的各个部门(如团委、宣传部、教务处等)在大学生社会实践中的职责。在实施过程中,校团组织一定要给予各个参与部门充分的权力和自由,本着一切有利于社会实践活动开展的基本原则,鼓励各个部门积极大胆的参与到社会实践当中,要勇于尝试新的途径和手段。

在活动的具体实行中,活动组织与负责部门应该把活动的"点"、"线"、"面"相结合,建立"以点带线,以线成面"社会实践组织与实施体系。

3.丰富实践形式和内容

社会实践是一种灵活多变的人生观教育方式,在组织实施的过程中不要拘泥于传统的实践方式和实践项目,要充分结合时代背景和大学生的身心特点组织实施具有时代特征的社会实践。另外,社会实践还要充分与社会的发展结合起来,比如支教、医疗下乡、科技下乡、文艺下乡以及法律援助活动等,这些活动不仅可以锻炼大学生的社会实践能力,提高自己的综合能

力和自身素质,还可以为这些地区提供一定的帮助,为地区发展做出贡献。

开展社会实践的关键是坚持,要有不怕吃苦的精神,比如搞农村社会调查,需要大学生亲自到田间地头询问和了解,才能获得有价值的数据和资料,才能真正的从劳动者的心声出,完成自己的调查报告。因此,社会实践不只是喊喊口号,而需要大学生实践者能踏踏实实的沉下心,去感受和体会实践过程中的各种酸甜苦辣。

4. 完善监督、考核评价机制

高校社会实践的对象是全体学生。因此,要建立真正对广大学生起激励作用的实践考核评价机制,把社会实践成绩记入学分。另外,可考虑建立社会实践资信证书制度,把参与社会实践的质量与学生将来的就业挂钩,以此来增强学生参加社会实践的积极性。

(三)加强大学生社会实践的策划与指导

1. 加强实践活动主题策划

在大学生社会实践活动中,提出一个选题或主题是最困难的一个步骤,但同时良好的主题对活动的吸引力与实施效果又有着紧密的联系。选定主题意味着指出了实践活动的方向和内容。许多高校的经验表明,给大学生活动确定鲜明的主题,使学生围绕教育主题开展丰富多彩的自我教育,是明确引导、把握方向的成功之处。教育主题的选取,应注意既有深刻的含义又具有鲜明的时代特色,贴近学生的思想实际,简明便于记忆。

2. 安排合适的指导教师

指导教师的选择面比较灵活,可以是专业教师也可以是辅导员,还可以是社团辅导老师,只要具有参与的热情和积极性都可以成为指导教师。

在指导教师中,领队老师的作用特别重要,因为领队老师是社会实践活动的"最高领导人",社会实践的实施过程中的各种突发事件都是由领队教师负责处理,如果领队教师不能及时、妥善地处理团队内突发事件,协调好各方关系,无论是社会实践活动的乐趣度还是最终的实施效果都会受到很大的影响。

要改变指导教师指导不力的现状,需要从以下几个方面改进。

(1)把教师指导难入社会实践计划体系之中后,高校领导既要鼓励教师自觉地指导学生社会实践,又要提供充足的制度支持与保障。

(2)对指导教师进行培训,除对其带领团队的能力进行培训外,还要对社会实践对培养人才的重要作用进行深入的说明,以提高知道教师参加大学生活动的积极性。

（3）充分发挥教师的专业特长，把大学生活动和教师的教学科研内容结合起来，提高其参与社会实践的兴趣。

（4）把教师指导和参加大学生活动计入工作量，采取倾斜政策。

（5）把学生活动成果的取得和指导教师的考核挂钩。

（四）以"三维"为核心，推进大学生实践基地建设

实践基地是专门为学生社会实践而成立的一个基地或者机构。"三维实践基地"则着力从社会实践、科技实践、创业实践三个方面大力推进大学生社会实践基地建设。若将"社会实践基地"和"科技实践基地"比作培养学生基本实践能力的 X 轴和 Y 轴的话，那么"创业实践基地"就是培养学生整体综合实践能力的 Z 坐标轴，故将此称为培养学生综合素质的"三维实践基地"。

1. 社会实践基地

一方面，大学生可以充分结合区校、村校、校企共建服务活动，在区县、农村企业建设基地。另一方面，大学生还可以以班级、院系、社团等组织为单位，就近建立实践基地，各实践队伍与各实践对象可以建立长期的合作关系。同时，不同年级的学生还可以采取以老带新的方式组团开展活动，增强实践基地的传承性，为更多大学生经常性地参与社会实践活动提供机会和渠道。这种校外结合专业特点、自身优势参加社会调查、实际生产、企业管理，不仅能为社会和企业提供技术服务，也可以帮助大学生通过社会实践提升专业技能，锻炼适应社会的能力。

2. 科技实践基地

高校通过开展诸如全国"挑战杯"科技竞赛、国家大学生创新性实验计划等活动，并结合科学商店项目（大学生科普志愿者进社区）在校内建立大学生科创中心，作为科技实践基地。同时，高校可以开展各项科技文化活动为巩固科技实践基地奠定基础，提高学生参与科技实践基地的积极性。并鼓励完成一定创新实践并取得成果的大学生，由学校组织专家审核认定后，奖励一定的学分。从科技创新的角度承认大学生的科技成果，这样学生科技创新能力的提高反过来激发学生进一步学好科学文化知识和积极参与科技实践基地建设的兴趣，形成了良性循环。

3. 创业实践基地

学校不仅要满足学生创业实践的基本要求，还要通过开展系统的创业教育、选修课程和个别指导对学生进行创业知识培训，鼓励学生把自己的所学所思运用到创业活动中去。不仅如此，在学校统一指导下，学校相关部门

与社会相关企业建立创业实践基地,学生就可以将在创业计划竞赛、大学生课外科技作品竞赛等各种竞赛中的作品和创意应用到创业实践中去,从而提高理论与实践结合的主动意识,增强学生创业的积极性。

第五节　家庭教育

家庭是社会的细胞,家庭是人生的起点,家庭是教育的启蒙,家庭对人的教育影响是终身的。家庭教育具有学校教育、社会教育不可替代的作用,必须深入把握家庭教育的特点,从当代中国家庭的构成因素出发抓好家庭教育,奠定高校人生观教育的基础。

一、家庭教育的特点

(一)早期性

家庭是人生的第一所学校,是儿童生命的摇篮;父母是儿童的第一任教师,而且是终生的教师。家庭对儿童的早期教育是伴随着深厚的母爱和细微的关注进行的,是其他任何教育所不能替代的。这种教育的早期性其实从孩子尚未出生就已经开始了,那就是"胎教"。胎教是母亲和家庭给孩子整个人生教育过程中最早、最先的教育,其教育内容是多方面的,如从男女婚配的选择,受孕时机的确定,饮食营养的调配,情感心理的协调,起居环境的讲究及各种不利于孕妇情绪稳定及胎儿成长因素的排除等等。其目的在于改善母体内外环境,免除不良刺激对胎儿的影响,为优良基因的充分搭配创造尽可能优越的环境条件,使后代身心得到健康发展,以提高人类自身的质量。

1975年,托马斯倡导"胎儿心理学",着重指出母亲与胎儿之间情感交流的必要性,尤其是母爱,对胎儿能产生极大的影响。有科学家利用现代科学技术手段对胎儿进行直接观察和取样化验,结果表明:胎儿也有意识,母体与胎儿存在着广泛的物质联系和情感交流。这一研究成果为胎教提供了科学依据。再从当前受孕母亲的"胎教热"和"零岁教育热"来看,家庭教育的早期性是其他教育无可比拟的。

(二)权威性

家庭教育的权威性是指父母在对子女施加教育的过程中所体现出来的

权力和威信。这种权力来自于父母与子女的血缘关系、供养关系和子女在伦理道德和物质生活上对父母的依赖性,以及家庭成员的根本利益上的一致性,决定了父母对子女有较大的制约作用。父母的威信则来自于父母与子女的情感关系,来自于父母对孩子真正的关心、爱护、理解与耐心引导。父母处处以身作则,严格要求自己,成为孩子成才的榜样。前苏联教育家马卡连柯说过:"家长的权威主要建立在父母的生活和工作作风上,建立在父母的公民形象和言行上。"事实表明,家长越有权威,对子女的要求和教育就产生更强的可接受性和服从性,教育的效果就越具有深刻性和永久性。那些能够严肃对待生活和事业,在生产中做出突出贡献.在社会上成为合格公民的家长,必定赢得子女的尊重和信赖,成为子女的良师益友;相反,那些在子女面前没能做出好榜样的家长,在子女心目中就不会有权威性,他的表扬对子女没有激励作用,批评也没有刺激作用,家庭教育的效果就等于零。可见,家长的权威是家庭教育成功的重要前提。

(三)继承性

大学生在家庭里接受了祖辈、父辈对自己的教育,大学毕业成家立业后,也会用类似的教育内容、教育方式和教育方法去教育自己的后代,用从祖辈、父辈那里接受影响和教育所形成的思想观点、行为习惯,去影响教育自己的后代。

鉴于家庭教育的这些特点,在高校人生观教育中,家庭的培养、家长的参与就显得特别重要。

二、家庭环境的构成因素

家庭环境的构成因素是极为广泛而复杂的,它主要包括家庭的自然结构、家庭的经济状况、家庭文化、家风等方面。这些因素都对家庭成员特别是子女个体思想形成有着重要的影响。

(一)家庭的自然结构

家庭自然结构是指家庭诸分子(即家庭成员)不同的层次和序列的结合。家庭自然结构包括家庭有哪些成员、成员有多少、家庭成员的辈分、家庭成员是否齐全和家庭的规模大小,等等。家庭自然结构的形式,一般分为单身家庭、核心家庭、主干家庭和联合家庭等。在我国现阶段,核心家庭和主干家庭占大多数。

核心家庭,即父母双全,有一个或几个孩子构成的家庭。这种家庭在我国城镇约占 70％,其特点是人口数量少,成员层次少(即辈份数少),家庭成员之间关系密切,父母对子女实施教育比较顺利,一般不受外界干扰,子女的身心发展状况、前途、命运,直接关系到父母的切身利益,父母是子女的教育者,他们必须对孩子的管理和教育全面负责,有较强的教育自觉性和迫切性。但是,这种结构的家庭,对子女的教育影响也有不利的一面,父母大多是双职工,家长和孩子接触机会少,有时难以了解孩子的全面情况,也难以把握子女的行动和行动的范围,容易放任自流,受到社会上的不良影响。

主干家庭是由祖父母、父母和子女三代人构成的家庭,家庭成员的层次较多,人口数量多,规模较大。祖父母可以协助父母照顾、管理、教育第三代,生活上的照顾和管理也比较周到。老年人一般比较耐心、细心,能细致地体察孩子的心情,对孩子的教育做得更深入细致。主干家庭人口多,人际关系复杂一些,家庭生活内容较丰富,有利于锻炼孩子处理复杂社会生活的能力。但是,由于家庭成员的层次较多,年龄差距比较大,经历不同,思想观念不同,教育孩子容易出现不一致的现象,有时让孩子无所适应,父母与老人的要求不统一,孩子易形成两面性的性格,这对孩子的成长是不利的。

家庭自然结构在其完整性上,可划分为常态家庭和非常态家庭。常态家庭是指父、母、子女三全的家庭。非常态家庭包括三种情况:一是指父、母双亲离婚的离异家庭;二是指父、母或其中一方由于疾病、自然灾害等原因过早去世的缺损家庭;三是指有继父(母)及收养关系的家庭。对于生活在非常态家庭的子女来说,非常态家庭的自然结构则可能成为他们学习、成长的精神负担。大量的调查资料显示,离异和缺损家庭的子女,在学习和品行上大多呈现两极倾向,即要么相当优秀,要么相当差劣。

(二)家庭的经济状况及生活消费

由于改革开放以来我国人民生活水平普遍提高,因此,就目前我国的现状来说,绝大多数家庭的经济状况,都可满足其子女正常地接受教育、从事学习的一般需求。但是,家庭生活的消费方式却对学生的思想意识、价值观念有很大的影响。据中央教育科学研究所《社会文化生活与中学德育》课题组的调查,在受调查的 98 位学生家长中,有 53.3％在生活消费上对自己的要求比较严格,注意用"在物质条件具备的前提下享用,不要过分追求"的思想去教育孩子,对孩子的物质追求是有所限制的。但是,有一部分家长在生活消费上的态度带有二重性,对自己省吃俭用,对子女却尽力满足。他们认为自己青少年时生活条件差,现在应当让孩子过得好些。加之前几年社会消费导向上出现"高消费"的偏差,相当一部分家长的消费意识受到这种现象的影响,促使近几年来学生在物质消费上相互攀比的现象逐步升级。由于家长生活消费态度的改变,自然削弱了对子女的艰苦奋斗、勤俭朴素的人生观教育。

家庭生活的消费方式对学生全面思想的形成与发展有很大的影响。家庭生活中的不适当消费,给学生的思想带来种种危害。因此,家长在生活消费过程中应注意对子女的人生观教育。学校也应在实施人生观教育中,提高和端正他们对生活消费的各种不正确的认识,进行生活消费指导教育。

(三)家庭文化

家庭文化包括家长的职业类别、家长的文化程度、家庭气氛、信息的选择、家长对子女的期望、家风等。这些都对学生全面思想的形成与发展有很大的影响。

1.家长的职业及其文化程度

家长的职业差别,是家庭教育影响的一个客观指标。由于职业的不同,带来了不同生活、工作方式,同时也形成了不同的家庭环境、家庭学习条件、学习气氛,对子女的指导能力及教育的自觉程度和教育方式上均存在差别,这种差异都会影响到子女的学习成绩和全面发展。研究资料表明,家长的职业活动可以产生特殊的定势作用,它对家庭成员感知社会信息的类别有影响。值得注意的是,知识分子的职业类别,在教育子女问题上有着特别有利的条件,如家长本身接受较多的学校教育,学习和工作融为一体,文化上的优势等等,这就使得其子女在学习上往往能取得较好的成绩,从而也影响到他们的全面思想。

家长的文化程度,是以家长所接受的学校教育水平为指标的,在很大程度上决定着整个家庭的文化思想,也是影响子女学习成绩、品德面貌及抱负水平的主要因素之一。有调查结果表明:高等文化程度的父母其子女的学习成绩与品德表现优于中等文化程度父母的子女,中等文化程度父母的子女又优于低等文化程度父母的子女。由于家长文化水平的差异,对子女的关心、指导及教育方式方法的不同,带来了家庭文化生活、学习气氛及品德修养等方面的差别。

2.家庭气氛

家庭气氛是家庭成员的职业、经济、性格、文化教养以及彼此间感情关系的综合产物。家庭气氛是无形的,但对家庭成员的影响却是有形而深刻的。

家庭是人类爱情的产物。家庭成员间相亲相爱,家庭气氛会温暖和睦;相反,家庭成员间感情隔阂,甚至钩心斗角,家庭气氛则必定冷漠无情。因此,家长要不断提高自己的文化水平和思想修养,努力创设良好的家庭气氛,使孩子在良好的家庭氛围中形成讲礼貌、爱劳动、守纪律、爱集体、热情、活泼、勇敢、正直、社会适应性强的健康人格。

3. 父母对子女的期望

期望是作为产生个体行为动机的决定因素而起作用的。父母的期望会促使子女产生强烈的成就动机。期望又是一种心理定势,父母对子女的期望使得子女要求上进的动机保持在一定的水平上,从而影响其学习和其他行为。家长对子女的期望常产生一种强化作用,让子女深刻地感受到家长的关切和信赖,于是产生较持久的学习努力。子女将自己与家长所期望的形象对比来调整学习与行为,从而影响到他们的学习成绩和全面思想,同时子女的学习成绩和全面思想的现状,也可反过来作为原因调节家长对他的期望水平。

(四)家风

家风是指一个家庭在世代繁衍过程中,通过言传身教,逐渐形成的较为稳定的传统习惯、行为规范、处世之道和生活作风等,主要指的是一个家庭的思想意识方面的传统。"家风"不是人的生物性遗传形成的,而是通过有形或无形的家庭教育传统保持、流传下来的。中国古代众多的《家训》之类的典籍,可以说是"家风"的文字记载,是有形的,而绝大多数家庭的"家风"的保持和流传是无形的,是无意识的。

"家风"形成以后,不仅对当代的家庭成员有深刻影响,也会继续影响下一代人,往往世代相传,成为一种顽强的、稳定的习惯势力,其影响相当深远。我们常说的"诗礼传家""家学渊源"就是这个意思。

"家风"对于子孙后代的影响是无形的,子孙后代接受这种影响是无意识的,是"潜移默化、自然似之"。而一个家庭的"家风"主要反映家长的作风或风格。"家风"的形成,需要家庭所有成员的共同努力,但主要责任者是家长。因此,努力培养和形成良好的"家风",给子女创造一个良好的生活环境,也是家庭教育成功的重要保证。

三、家庭教育的对策

(一)高校应主动与大学生家庭保持联系

1. 开设家长课程

根据终身教育的理念,并不是从学校毕业之后就没有了学习的必要,在教育孩子方面,家长需要不断的学习。生活中我们经常遇到一些把握不住孩子心理的家长,他们教育孩子并不考虑其心理感受,而是按照自己的老方法会孩子进行教育,这种缺乏交流与理解的单项沟通往往会事倍功半,甚至会使孩子产生抵触、逆反的心理。因此,家长有必要学习和掌握科学的沟通技巧,并尝试去了解孩子的内心世界。

2. 设置家长组织或团体

根据利益相关者理论,家长是大学的外部利益相关者,学校教育质量的好坏也影响到家长的利益,因此,为了便于家长对大学的管理,在大学中应设置"家长委员会"[①]或类似组织以实现家长的权利。这样也便于家长将孩子的意愿及时地传达给学校,使学校教育更加人性化。正如教育家苏霍姆林斯基曾说:"教育的效果取决于学校和家庭影响的一致性,如果没有这种一致性,那么学校的教育和教育的过程就像纸做的房子一样倒塌下来。"[②]

3. 利用信息化开通一些学校与家长交流的信息渠道

从传统意义上来说,实际到家的家访、电话家访、书信家访等形式是比较常见的,但其弊端也十分突出。这里我们以家访为例来说传统交流方式的局限性。

(1)耗时较长,大量占用老师的时间,但效率却不高。

(2)电话家访只能听到对方的声音,看不到图像,不能完全掌握对方的态度。

(3)书信家访的时效性差。

随着信息技术的飞速发展,人们在通信交流上取得了重大的进步与发展,学校与家长之间的沟通也出现了很多新的手段,比较常见的有以下两种。

(1)用电脑上的交流工具,如 QQ、微博。

(2)在互联网上建立一个学校与家长交流的虚拟社区,使家长能够及时了解孩子在学校的表现情况。

(二)家庭应努力为大学生营造良好的家庭环境

1. 发挥父母的表率作用

父母是子女的第一任教师,要优化家庭环境,首先要从父母的表率作用做起。父母对子女所负的责任是多方面的,不仅要保证子女身体的健康、安全和正常发育,还要传授科学知识、生活知识、发展智力,培养他们适应社会

---

① 刘情晓.学校教育与家庭教育结合的现状调查研究及应对策略.山东师范大学硕士论文. 2008,第 37 页

② [苏]苏霍姆林斯基.给教师的一百条建议.北京:教育科学出版社,1984,第 126 页

生活的各种能力,进行思想品德教育,培养高尚的审美情趣,进行多方面的教育和训练。在子女教育过程中,父母起着主导作用。在日常生活中,父母必须严于律己、以身作则、"师之以范",以其身教代替言教,运用榜样的力量强化父母的威信,使子女从内心进发出强大的道德力量,这有助于孩子良好思想品德和行为习惯的形成。

2. 家庭和睦

良好的家教必然出自和睦的家庭环境,家庭和睦是孩子健康成长所必需的生活环境。我国古代特别重视"治家""齐家",目的就是管理好家庭事务,处理好家庭关系,创造一个理想的家庭生活环境,使家庭成员受到熏陶、感染。我国近代教育家朱庆澜认为,要搞好家庭教育,必须首先把整个家庭治理好。他说:"家庭教育的担子,不但在做父母的身上。做父母的想教成一个小孩子先要把一家子的弟兄姊妹人人都劝好教好,完完全全做成个好家庭的样子,小孩才会好的。"①要使家庭幸福和睦,首先要处理好家庭内的人际关系,夫妻的感情融洽,长辈和晚辈、双亲和儿女之间应有一定的礼节,相互信任和尊重,养成互相学习、互相帮助、互相鼓励、互相理解的良好家风。

3. 注意家教艺术

家庭教育是一种艺术,为了给孩子提供一个良好的家庭环境,父母应该努力提升自身的文化修养,学习和掌握科学的家教方法,将家庭的影响和父母的教育潜移默化的灌输给孩子。父母爱孩子,这是天性使然,这也是父母教育孩子的基础和前提。父母对子女的爱是其他任何人的爱都不能比拟的,虽然父母对子女的爱是伟大的,但是这并不意味着只要爱子女就能教育好他们。事实恰恰相反,如果父母的爱没有底线,一味对孩子错误行为和不合理要求采取容忍和默认的态度就成了溺爱,这对孩子的教育和发展没有任何好处。

此外,对孩子的严格要求必须建立在民主平等和尊重的基础上,不应强加父母的意志、滥用父母的权威。当孩子犯错误时,要耐心帮助分析、认识错误,使其感到自责和内疚,而不能伤害其自尊心和自信心。

---

① 赵忠心.中外家庭教育荟萃.北京:高等教育出版社,1989,第50页

第五章 人生观教育队伍建设

大学生人生观教育队伍建设是做好高校人生观教育的重要内容。在新时期的社会大环境下,加强大学生人生观教育工作的关键是要加强大学生人生观教育的队伍建设。从教育工作者做起,把人生观教育的理论融入社会生活之中,使大学生真懂、真信人生观教育理论。

第一节 建设优秀的理论课教师队伍

从新中国成立以来大学生人生观教育工作的发展历程,可以清晰地看出理论课教师队伍在人生观教育工作的作用至关重要。理论课教师的素质和形象,直接影响到大学生人生观教育工作质量的提高和目标的实现。因此,建立一支结构合理、素质精良、充满活力的理论课师资队伍,具有重大的现实意义。

一、高水平的教师素质是前提

大学生人生观教育理论课教师素质,是指高校人生观理论课教师所具备的各项素质要求和各项素质的地位、作用及相互之间的关系。这也是大学生人生观教育理论课教师队伍搞好理论教育的必要条件,是理论教育能力形成和发展的基础。

(一)思想政治素质

对大学生的人生观教育工作具有一定的党性和政治性,对于实现党的总任务和奋斗目标来说作用十分重大。江泽民指出:"要说素质,思想政治素质是最重要的素质。"[①]具体来说,思想政治素质主要包括以下几个方面。

1. 坚定的理想信念

理想信念体现了一个人的政治立场和世界观,是支撑一个人精神世界

---

① 胡树祥. 如何理解思想政治素质是最重要的素质. 中国高等教育,1999(20)

发展的重要动力源泉,激励着一个人不断努力追求自己人生中的奋斗目标。坚定的理想信念,是指以坚定的共产主义信念、社会主义信念为人生目标,以中国特色社会主义共同理想作为奋斗方向。只有信念坚定,才能明确前进的方向,产生战胜各种困难和挫折的强大精神动力,才能自觉地把共产主义远大理想、有中国特色的社会主义共同理想同现阶段的任务很好地结合起来,积极投身教育事业,以高度的事业心、坚定的信心、高度的责任感和顽强的毅力做好工作。

2. 正确的政治方向

作为人生观教育理论课教师,必须在坚定的理想信念基础之上确立正确的政治方向。只有确立正确的政治方向,教师才能排除干扰,坚定不移地按照党的要求对大学生进行人生观教育,教育大学生沿着正确的政治方向不断前进。在现阶段,这种政治方向应该具体表现在坚决贯彻执行党的基本路线,坚决拥护党十一届三中全会以来的路线、方针、政策,特别是要学习党的十八届三中全会精神,以"三个代表"重要思想为指导,深入贯彻落实科学发展观,坚持中国特色社会主义理论体系,在政治上自觉同党中央保持一致。

3. 坚定的政治立场

政治立场是一个人在观察问题和处理问题时,所持有的根本政治态度。广大人生观教育理论课教师坚定的政治立场,是指人生观教育理论课教师一方面要坚决维护党的利益、人民的利益,积极宣传马列主义、毛泽东思想和中国特色社会主义理论,宣传党的路线、方针、政策,坚决为党的事业而奋斗;另一方面要坚决同违反党的原则的思想行为作斗争。只有具备了坚定的政治立场,才能在大是大非问题上站稳脚跟,并对广大学生进行宣传教育工作。

4. 严格的政治纪律

对人生观教育理论课教师来说,理论研究无禁区,课堂教学有纪律。无论是在授课还是在日常的生活中,无论是作为职业教师还是普通公民,教师都要对自己有比较严格的政治纪律要求,自身的言行规范都要符合自己所倡导的人生观方向和政治方向。作为人生观教育理论课教师,一旦偏离了或违反了这些价值规则,其后果是不堪设想的,尤其是对大学生的不良影响更是无法估量的。严格的政治纪律是人生观教育理论课教师坚持正确的政治立场的坚强保障。

5. 鲜明的政治观点

政治观点是政治方向和政治立场的具体化和表征化。在政治观点上,人生观教育理论课教师必须明确自己坚持什么放弃什么、赞成什么反对什么,始终和党走一条线。高校人生观教育教师要坚持马列主义、毛泽东思想和中国特色社会主义理论中的基本观点。确立唯物主义的世界观,实现远大理想的人生观,为人民服务的价值观,不断提高自己的思想觉悟和认识能力,使主观认识符合客观实际,才能比较正确地反映客观世界,认识客观世界,才能运用马克思主义的立场、观点和方法分析学生的思想状况,做好本职工作。

6.较高的政治理论水平

较高的政治理论水平是人生观教育理论课教师分辨是非的基本要求。作为一名专业的人生观教育理论课教师必须具有较高的政治理论水平,增强自己明辨是非的能力,才能正确处理大学生所遇到的问题,做好人生观教育工作。

政治理论水平要求广大人生观教育理论课教师要积极学习党最新的理论、路线、方针、政策,并用来要求自身和大学生。

(二)思想师德素质

1.思想境界

思想境界指的是人生观教育理论课教师认识事物和认识自身所达到的觉悟程度(尤其是对大学生和人生观教育的认识)。一般而言,人生观教育理论课教师的思想境界水平越高,越能够做好人生观教育工作。人生观教育理论课教师应从积极的一面认识人生观教育工作,把人生观教育视作大学生成才所必须学习的一门重要课程。人生观教育理论课教师还要热爱学生,牢固树立全心全意为学生服务的思想,确立"以学生为本"、"一切从学生出发,一切为了学生"的指导思想。

2.思想作风

思想作风指的是人生观教育理论课教师在日常教学工作中所形成的比较稳定的行为准则和做事风格。人生观教育理论课教师应坚持解放思想、实事求是,与时俱进、一切从实际出发的思想路线,坚持理论联系实际,具体问题具体分析的科学态度。要襟怀坦荡、光明正大、大公无私、办事公道。要谦虚好学、虚心待人、谨慎从事,对自己严格要求。要有积极的人生观和价值取向,要有高度的社会责任心和使命感,以培养学生为己任,积极工作,努力进取,为坚持和发展马克思主义而努力奋斗。

3.师德素质

师德是一切教育工作者在从事教育活动中必须遵守的道德规范和行为

准则,以及必须具备的道德观念、情操和品质,是职业道德的一种。作为以人生观改变为效果的人生观教育理论课程,尤其要注重师德素质。大学生人生观教育理论课教师应当将高超的教书育人水平与高洁的为人师表品质统一起来,在人们心目中树立起学识渊博、爱岗敬业、品行端正、诲人不倦的良师益友形象,让人们既得到知识的哺育,又得到美德的熏陶。因此,在弘扬职业道德、维护自身形象方面,理论教育工作者应有更高的要求和自觉。

(三)理论素质

1. 专业基础知识

专业基础知识是指,每一个专业教师都必须要对有关人生观教育的专业理论知识有全面、正确地把握。需要注意的是,全面准确掌握专业基础知识并不是逐字逐句教条式的掌握,而是要学习实践和为人民服务的灵魂。

2. 相关知识

从教学实践看,人生观教育理论课教师不仅应当成为具有较高专业理论素养的"专家",还应当成为知识渊博的"通人"。为了做好大学生的工作,人生观教育理论课教师必须要掌握包括心理学、教育学、课程论、教学论、教育史等在内的教育基础理论,为了能够更加透彻地理解党的理论,理论课教师还要拥有相关学科知识,包括哲学、文学、经济学、历史、法学、社会学、伦理学等相关学科理论知识。

(四)能力素质

1. 教学能力

教学是一项要求很高的艺术活动,高超的教学艺术是激发学生求知欲,让学生愉快接受教学内容的催化剂,是构成教学魅力的主要因素。人生观教育理论课教师虽然自身掌握了比较全面丰富的知识体系,却并不能保证能有效地把这些知识传授给学生,在这两者之间必须有一座桥梁。课程的教学设计过程就是建筑这座桥梁的过程,人生观教育理论课教师必须具备这项能力,即要学会结合人生观教育理论课的特点和要求,根据所教学生的心理特点、原有知识结构以及个人的教学风格,对所要教授的内容进行分析、加工和设计,并根据需要选择适当的教学方法、材料和媒体,安排适当的教学活动。将思想政治理论的教学与现实状况结合起来,通过合理的教学设计,将原本比较枯燥的人身观教育理论课程转化为内涵丰富、生动活泼,比较容易为学生所接受的一门课程。

2. 组织能力

组织能力是与教师教学能力紧密联系的。在课堂上,教师要能够、有效驾驭课堂教学,活跃课堂气氛,会调动学生学习兴趣;在课堂之外,教师还要组织好讨论、研究、社会实践等活动。人生观教育理论课是偏重理论教学的一门课程,教师必须善于通过对课堂教学的有效组织来提高学生对该门课程学习的积极性和主动性。

3. 运用教学方法和教学手段的能力

随着思想政治理论课程的不断改革,人生观教育理论课教师要学会不断创新教育方法,正确运用启发式、讨论式、情感式的教学方法,向学生讲授内容,激发学生独立思考意识,以平等的态度与学生共同探讨理论上的问题,把传授知识与培养学生的能力以及提高学生的思想素质结合起来,从而达到教学目的。

随着科学技术进步,现代化教学手段不断涌现,开发和利用现代化教学手段也是专业教师不可忽视的能力。掌握计算机文字处理技能以及网络信息搜寻及获取、课件制作与演播、实物投影与多媒体播放等技能,有助于将传统课堂教学转变为现代课堂教学。将深奥的理论编成形象的多媒体课件,吸引学生的注意力,达到寓教于乐的目的,也为人生观教育教学带来新鲜气息,增强学生的学习积极性和人生观教育的有效性。

4. 科研能力

人生观教育理论课教师的科研能力体现在教师对专业知识和教育理论的刻苦钻研以及运用理论回答现实问题的能力上。人生观教育理论课教师的科研往往是结合自己的教育实践工作、教育对象与社会实践开展,要运用自身的经验和知识,对新的教育问题、思想、方法等作出探索,并最终提出创造性的解决方案。因此科研能力能够给高校教师带来强烈的职业成就感。高校人生观教育理论课教师应当将长期坚持教育研究作为自己的一种专业生活方式。

5. 创新能力

大学生人生观教育是培养我国大学生创新思维的重要方面,教师应努力塑造自己创新品格,培养自己的创新能力,从而启发大学生的创新意识。专业教师创新能力的发挥和提高有赖于教师个人的主观能动性。教师要积极发挥自己的主观能动性,善于把人生观教育的专业理论与自己所面临的新问题、新情况主动联系起来,用自己的创新实践激发学生的创造性思维;要根据学生的不同个性特长、知识结构,因材施教,调动学生学习的主动性,培养学生的创造性精神;人生观教育理论课教师还应根据课程改革的要求对教学内容和形式不断进行改革创新,只有在内容和形式上不断推陈出新,才能收到良好的效果。

（五）高校思想政治理论课教师的心理素质

1. 广泛的兴趣爱好

兴趣是积极探求某种事物的一种倾向。如果人们对某一事物感兴趣，那么就会表现出探索或运用这一事物的积极肯定情绪和态度。人生观教育者具有广泛的兴趣，可以在更宽广的范围和更多的时间里接触、了解教育对象，并可以改变过去传统的教育形式和方法，融入大学生群体之中，从而潜移默化地影响大学生。

2. 积极的教育心境

人生观教育理论课教师在从事教育工作的过程中一定要克服职业倦怠情绪，保持昂扬饱满、积极乐观、生动活泼、真诚热情的精神状态。首先，教师在课堂上的精神状态将直接影响学生学习的热情和效果。其次，教师在教授学生掌握思想政治理论知识的时候，也是和学生发生思想碰撞和交流的时候。教师激扬振奋乐观向上的态度，会造成一股强烈的精神力量，营造出一种感人心扉的学习气氛，不但可以满足学生热情向上的心理要求，而且能使学生注意力更集中，思维更活跃。因此，教师要善于拥有和积极地营造出积极健康、生动活泼的教学心境，从而保证教学工作的顺利进行。

3. 坚忍的意志和执著的信念

意志是人在完成一种有目标的活动时所进行的选择、决定与执行的心理过程。信念是人的一种对某种思想或事物坚信不疑并身体力行的心理态度和精神状态。意志和信念对大学生人生观教育理论课教师来说是必须具备的一个重要素质。因为教师的工作重点是做好人的教育。面对形形色色的教育对象，各项工作往往不可能一帆风顺，充满着矛盾和挫折。这时就需要教育者要有坚忍不拔的意志、执著坚定的信念克服工作中存在的问题。唯有如此，才有可能取得成功。

4. 和谐的人际关系

人是社会的动物，人生活在社会里，就必须与人接触并发生各种关系，这种人与人之间关系的存在和发展，就是所谓的"人际关系"。良好的人际关系是人生观教育理论课教师发挥角色作用、顺利进行教学工作的基本保障。教师要善于进行良好的人际交往，给自己营造一个和谐的人际环境，使自己能够舒心工作。在工作中，教师除了要保持良好融洽的师生关系外，还要善于与教育管理者的良好沟通、与同事之间的协调与合作，当然也少不了充满温馨关爱的家庭成员关系与亲朋关系。以开阔的胸怀和容忍的度量，发现别人的优点和长处并给予适当的赞美，会使得教师自己的沟通工作更加顺畅。学会在与人交往、对别人付出关注、爱护、信任、鼓励、赞赏和批评的同时，也汲取他人的关爱和鼓励，以便为心理的健康发展获得足够的精神营养。

二、大学生人生观教育理论课队伍建设渠道分析

在对大学生的人生观进行正确引导的过程中，要重点加强对人生观理论方面的教育，而加强和促进大学生人生观理论教育的关键就在于教师。

(一)大学生人生观教育理论课教师教学立足点分析

1.同步世界发展

人生观教育理论课教师要跟紧国际时局的变化，在经济全球化的发展、科学技术的进步以及各种思潮的相互碰撞中，正确处理人生观教育工作面临的一系列问题和挑战。人生观教育理论课教师要认识到这些变化，从中国特色社会主义建设的全局出发，与时俱进地为自己"充电"，做好当代大学生人生观教育理论方面的工作。

2.致力中国建设

中国社会从改革开放后发生了极大的变化，从计划经济走向市场经济、从封闭走向开放、从单一走向多元化，中国在经济转型和发展时期，出现了所有制结构、经济组织形式、就业模式、收入分配社会结构、文化的多样性和多层次性，这一切使得新时期的大学生人生观教育面临着前所未有的挑战。人生观教育要以事实为基础，大学生人生观教育理论课教师必须直面现实，从当今中国的社会大变革出发，将人生观教育工作置于整个社会大环境下，适应新的历史发展阶段。

3.立足青年大学生思想特征

当代大学生大多是 90 后，从小生活在较优越的物质环境下，他们出生在中国大变革的时代。世界、中国的深刻变化影响了他们看世界、看问题的方式，新的传播技术也拓宽了他们认识事物的渠道，他们具有崭新的思想特点，不拘泥于旧的框架，对新事物的接受能力较强，在价值观念上趋向于多元化。当今世界是开放的世界，改革开放之后，西方国家的各种思潮大量传入我国。大学生是文化战线上的"冲浪者"，深受西方文化的影响，好莱坞电影、黑人街头舞蹈、各种西式快餐等西方气息浓重的文化，深受青年大学生的喜爱。但与此同时，大学生也受到了一些负面影响，个人主义、利己主义、拜金主义、享乐主义在一些大学生中得到了认同，大学生的价值观念、理想

追求、道德意识滑坡了。因此,高校大学生人生观教育工作要取得应有的效果,就必须顺应时代发展的要求,从大学生的思想特点出发,从他们的实际情况出发,结合当代大学生成长环境、心理特征、认识规律创新教学理念,改革传统教学的弊端。人生观教育理论课教师要随时关注学生的思想动态,立足于大学生的思想实际,有的放矢地对其进行人生观教育。

(二)明确大学生人生观教育理论课教师队伍建设目标分析

1.学历结构目标

要建立一支高水平的大学生人生观教育理论课教师队伍,首先要严格准入制度和建立培训制度,提高大学生人生观教育理论课教师的学历水平。从事大学生人生观教育的理论课教师,要达到大学本科或以上学历。引进应届毕业生从事教学工作的,要具有研究生学历。对于未具备以上学历的在职教师,应通过在职攻读研究生等方式进一步提高学历层次。

2.职称结构目标

在优化学历结构的同时,大学生人生观教育理论课教师队伍还要形成合理的职称结构,即由一定比例的教授、副教授、讲师、助教组成一个橄榄形的稳固结构,副教授、讲师应占多数,形成一支有实力的人生观教育理论课师资队伍。

3.专业结构目标

在对学生进行人生观教育的教师中,尤其要重视专门从事人生观教育理论课教师的主体性作用;与高校学生专业相一致或相关专业的教师,可以在从事人生观教育工作的师资队伍中占有一定比例。

4.年龄结构目标

现在的大学生人生观教育理论课堂通常是几百人的大课堂。受众多,时间长,对于任何人来说都是一个劳动强度大的工作。脑力和体力消耗会让身体弱的一些教师吃不消。所以,人生观教育理论课师资队伍要实现老中青结合,中青年教师应占大多数。

(三)大学生人生观教育理论课教师队伍现代化分析

1.加强大学生人生观教育理论课教师队伍的专业知识培养

大学生人生观教育理论课教师所应具备的专业知识包括两个方面:本体性知识和条件性知识。本体性知识主要指教师所具备的有关人生观教育学科的专业知识。条件性知识主要是指有关教育教学等的理论知识和专业文化知识,如教育的基本理论、基本特点、基本规律等,以及社会学、政治学、教学设计、学科教材设计、学科教学方法和艺术等。另外,大学生人生观教育理论课的工作者还要具有广博的知识储备,在哲学、经济学、文学、历史学、教育学、心理学等方面有一定的修养,积极了解与本专业相关的各种新兴学科、边缘学科、中间学科和交叉学科,具备驾驭相关学科领域知识的能力。

2. 加强大学生人生观教育理论课教师队伍的综合素质建设

高校要建立一个人生观教育理论课教师的在职培养基地。培训内容一方面要结合本校的特色,如工科学校、文科学校,另一方面要结合社会形势的发展变化,更为重要的是将人生观教育理论的最新研究成果融入进来。只有这样才能从制度上保证大学生人生观教育理论课教师综合素质的不断提升。因为所谓综合素质无外乎是人的道德素质、人格素质、理论素质、能力素质、信息素质等,不断提高其综合运用各种科学方法和手段的能力,使其掌握现代化的思维方式和工作方式。此外,大学生人生观教育理论课教师开展学术研究,承担和参加课题研究,发挥其主动精神和工作的创造性,促进其综合素质的培养和提高,使人生观教育理论课教师成为学习型、研究型、创新型的人生观教育专家。

3. 加强大学生人生观教育理论课教师的师德修养

一方面,要引导人生观教育理论课教师在学习各种知识的同时,学习现实生活中的道德榜样,也虚心地向自己的教育对象学习,以求道德人格修养的进步与升华。要引导人生观教育理论课教师在行为上不论大事小情,都要清醒地把握好自己每一个具体的行为,处处体现出一个大学生人生观教育理论课教师应有的表率意识、规范意识、自律意识,展示出良好的精神面貌、作风素养和人生态度。现代社会节奏快,变化快,浮躁多,诱惑多,在这样的环境中,一定要注意调整好自己,一定不能太看重名和利。

另一方面,要引导人生观教育理论课教师慎独,时时刻刻注意自身的言行,注重开展教师的自我教育。

(四)大学生人生观教育理论课教师队伍制度建设分析

高等学校应当按照学生思想教育管理走向科学化、程序化、规范化的要求,建立和完善各项规章制度,提高人生观教育理论课教师队伍建设的规范化、制度化水平,积极探索建立激发人生观教育理论课教师队伍积极性和可持续发展的长效机制。

1. 调整大学生人生观教育的教学机构与管理机构

要理清人生观教育的教学责任体系,体现学校对大学生人生观教育理论教学工作的重视。让人生观教育理论课教师有了相应的专业作为依托，拓宽了人生观教育理论课教师的发展空间，调动了他们从事人生观教育教学的积极性。

2. 坚持标准，改善结构，严格人生观教育的专业教师选拔制度

高校要充分考虑到人生观教育理论课教师队伍建设目标，一方面坚持德才兼备的原则，严格把好入口关，按照提高素质、优化结构、专兼结合、功能互补、信仰坚定、业务精湛的要求，选拔政治素质优、思想作风好、学历层次高、组织管理能力强、善于做大学生工作的党员教师来担任人生观教育理论课教师，同时扩大队伍来源，面向社会选拔优秀毕业生，在人员选拔上注重学科交叉，优化队伍结构，增强队伍的战斗力，以适应不断变化的新形势。

3. 加强人生观教育理论课教师的职前与职后的培训工作

在就职前，需要对进行大学生人生观教育理论课教师进行教学实践和科研实践培训，提高人生观教育理论课教师对理论的讲授技巧和设计教学实践的处理能力。

在人生观教育理论课教师就职之后，要进行一体化的职后训练。对人生观教育教师的职业发展规划和培训课程标准进行整体规划，让他们了解进行继续教育的权利、责任、目的、层次、内容、方法、时间、奖惩等。通过职后培训的教师要继续接受培训，合格后才能上岗。

4. 完善利益机制，提高人生观教育理论课教师的待遇和地位

大学生人生观教育理论课教师队伍不稳定的因素之一是从事人生观教育教学的教师经济待遇、地位低，职称评聘困难。因此，要进行人生观教育专业教师队伍的建设，提高人生观教育专业教师队伍的稳定性，必须提高人生观教育理论课教师的待遇和地位，并在评聘职称时给予一定的政策倾斜。

提高人生观教育理论课教师的待遇与地位，要求把国家"改善和提高"高等学校人生观教育理论课教师的待遇和创造良好的工作环境的要求落实到位；要求学校了解人生观教育理论课教师面临的实际问题，人生观教育专业教师在物质待遇、课时费计算、职称评定、学术交流、个人先进评选等方面不差于其他专业教师；给予人生观教育理论课教师从事教学和科学研究的时间，减轻教师的负担；设立专项基金，用于人生观教育理论课的教学、研究、队伍建设以及硬件设施建设；完善表彰机制，对人生观教育理论课的先进典型予以一定的奖励。

第二节　推动专业教师队伍参与到人生观教育中

在对人生观教育队伍的建设中,充分发挥优秀在校学生或毕业生的互动作用对推动大学生人生观教育具有重要的作用。除此之外,还要推动专业教师队伍参与到人生观的教育工作中。高校专业的教师队伍是大学生人生观教育理论课教学中的主要力量,他们十分熟悉大学生想要了解的一些领域,比如就业、专业实务等等。因此,对于大学生积极走向社会来说,高校专业教师的作用不可忽视。吸纳一批优秀的高校专业教师,建设一支高素质的专业教师队伍对于大学生健康成长来说是十分必要的。

一、选拔优秀在校生或毕业生互动

优秀在校生和毕业生是高校学生工作的一个重要资源。他们天然的与广大大学生保持一定沟通,做起学生工作来有优势。通常意义上的优秀在校生主要包括学生会(研究生会)成员、学生党团干部、学生社团干部以及学生班委会成员。这些学生构成了学校、院系和班集体工作的骨干力量,能够有效将学校管理者的思想和措施传达到整个学生群体中去。因此建设好优秀在校生和毕业生组成的学生工作队伍,对整个高校人身观教育工作来说有重要意义。

(一)优秀学生队伍在高校人生观教育中的职能

优秀学生队伍是高校中较为活跃的一个群体,是高校学生的代表。优秀学生将高校各级党团组织、学生管理部门与普通大学生有效连接起来。通过优秀学生的有效示范,其他学生群体能够积极的向他们学习,实现大学生的自我教育。因此,对于建设和谐校园来说,优秀学生的作用和职能不可小觑。

1. 优秀学生是学生自我发展的骨干力量

学生是建设中国特色社会主义事业的重要后备力量,是我国社会明日发展的希望。通过在大学的学习,他们希望通过德、智、体、能等方面的锻炼,实现自己人生轨迹和社会现实的良好对接,并逐渐成为社会发展的栋梁。

优秀学生通常是大学生中品学兼优、身心健康、个性鲜明的一个群体,将成为未来社会中的精英。在理论上,他们基础较好,能够有效并且及时地接受社会发展所需要的先进思想,对党的路线方针政策十分认同。在实践上,他们一方面可以积极地将党的先进思想落实到自己生活和学习的实际中去,实践党的路线方针政策,另一方面他们能够及时地了解周围大学生的思想动态,通过自己的理论认知客观准确地了解大学生的意愿,运用自己的认知和经验疏导学生的情绪,为大学生的学习和接受社会主流思想起到积极的作用。另外,他们来自学生群体,并且在许多方面还优于普通学生,是学生中的佼佼者。凭借着自身的优势和在各方面的突出表现,他们赢得了周围同学的认同,并间接地成为学生群体中的示范,从而在学生群体中构筑了良好的群众基础。因此,高校中优秀学生的存在,无疑是高校学生自我发展的骨干力量。

2. 优秀大学生是高校管理工作的得力助手

在我国高校扩招以后,大学生人数成倍增长,学生工作繁多复杂,原来的学生工作群体显得势力单薄,难以应对来自学生工作多方面的压力。作为学生骨干,高校优秀学生有从事学生工作的积极性、主动性和创造性,对帮助管理大学生群体来说具有重要的作用。一方面,他们人数较少,便于集中,易于管理和教育,能够领悟高校学生工作中的内涵和实质;另一方面,他们来自于普通学生群体,具备普通学生群体的特质,了解大学生群体所关心的主要内容,在学习学生工作制度的时候,能够把学生工作制度与大学生群体有效联系起来。就此两方面的分析,可以看出,高校优秀学生群体具备成为高校学生工作助手的潜力,完全能成为教师开展学生工作的助手。

3. 优秀大学生是建设和谐校园的重要力量

近年来,全国各地的高校都越来越重视建设和谐校园的重要性,并为此做出了很多努力,充分发挥了优秀学生的重要力量,在校园文化建设中取得了不错的成绩。高校优秀学生所发挥的作用主要表现在以下三方面。

(1)由于高校优秀学生长期生活、学习在校园中,对高校较为了解,因此无论是对校园活动的主题或是校园的活动形式都能够准确地把握。在校园开展人生观教育的活动中也就可以增强影响力,不断丰富校园活动的内容,吸引更多的学生参与到人生观教育的活动中。

(2)高校优秀学生由于其本身就是学生,因此更能够了解学生的需求,并且能够设身处地地为学生的利益着想,这样就有助于学生能够正确地关注自身的利益,从而促进高校和谐校园的建设。

(3)在高校和谐文化建设的过程中,优秀大学生在其中发挥着重要积极作用。优秀学生不仅具有年轻人的朝气和活力,并且视野较为宽阔,因此在高校文化建设的过程中就可以体现出时代的特征,满足学生的爱好,同时还可以将我国传统的优秀文化渗入到校园文化的建设过程中,使之既有流行时尚的元素,又保持了传统文化的儒雅和厚重。

(二)优秀学生队伍在建设中存在的问题

1. 个别优秀学生不能正确处理学习与工作的关系

在高校优秀学生群体中,一部分优秀学生过分追求校园活动或是社会活动所带来的满足和刺激,因此忽略了自身的专业学习,最终出现了组织工作能力强,但是学习成绩差的现象。出现这种情况的根本原因是,这些学生不能对学习时间和工作时间进行合理地分配。他们既要学习,同时还要兼顾校园或社会组织活动,并且还不愿意放弃休闲娱乐的时间,因此这三方面不能兼顾,最终使得他们的工作、学习都差强人意。作为高校学生来说,他们的主要任务仍是学习,因此应该将最主要的精力放在学习上。而对于高校优秀学生来说,虽然要承担一定的社会工作,但是和学习相比,工作就要被放在次要地位,避免和学习发生冲突。这就使高校的学生干部势必会遇到学习与工作发生冲突和矛盾的情况。

在处理学习与工作之间矛盾的时候,作为优秀学生,必须要有较强的付出意识,要认识到自己要比其他学生付出更多,更加努力。因为学生工作而失去的学习时间,可以通过其他方法进行弥补。鲁迅先生说过,时间就像海绵里的水,挤一挤总是有的。作为优秀学生,必须挤时间学习,挤时间工作。

2. 个别优秀学生功利思想严重,缺少奉献精神

在高校担任学生干部的优秀学生中,大部分的学生的动机都是好的,他们想要通过担任学生干部的机会来为学生服务,全面提高自身的素质,锻炼自己组织和实践的能力。但还有一部分学生,他们却是想把学生干部视作以后工作的重要跳板,通过学生工作为自己捞取一些政治资本,为以后入党、就业多一分光彩。还有的学生,他们担任学生干部只是为了满足自己的虚荣心,他们在工作的过程中容易情绪化,有时过分投入,有时却是对工作漠不关心,甚至于在工作中还会提出各种各样的条件,斤斤计较,缺少奉献的精神。应该注意的是,担任学生干部,并不是一种"升官发财"的途径,但是有的学生干部却是利用这个机会处处为自己争取好处,忘记了为学生服务的宗旨,具有明显的利己主义。甚至于有的学生将自己凌驾于集体之上,缺乏必要的组织观念,以权谋私,以此来维护小集体的利益。

3. 在社会工作中,个别优秀学生重具体工作,轻分析归纳总结

在学生工作中,我们总是能够看到这样一群优秀学生,他们干起事情来有条有理,而当让他去介绍工作经验、交流工作体会时却不能讲出条理来。如果照这样的趋势发展下去,这样的优秀学生将会发展成为"工作机器"。

有的优秀学生在活动结束之后,没有对活动的成功或失败及时进行总结、分析,以至于在下次举办活动的过程中,会再次出现同样的问题,这就是没有对原来的活动认真地进行分析和总结,没有吸取经验教训的结果。

4.在人际关系上,个别优秀学生重上轻下,重个体轻整体

有的优秀学生在校园工作的过程中,表现出两面派的特点。在面对领导和老师时,阿谀谄媚,满目欢颜;但是对待学生时却威严冷漠,爱答不理,造成很多学生的不满。认真分析这些优秀学生的表现,可以发现,这一部分优秀学生显然动机不纯,个人价值取向明显;二是这一部分学生过于重视个体利益,不能正确看待个人和集体利益的关系,最终使得整体分裂,人心涣散,失去原有的向心力和战斗力。

(三)优秀大学生队伍建设的长效机制

1.注重选拔,实行公开竞争、择优录取的任用原则

(1)科学设置岗位

根据当前大学生人生观教育的工作模式,可以将高校团学组织分为学校团学组织、院系团学组织和班级团学组织三级,这三级团学组织之间是一种领导与被领导、管理与被管理的关系。在制定或是修改团学组织章程的过程中,要严格按照"按需设岗、主次有别、锻炼队伍、宁缺毋滥"的原则,并且对团学组织的岗位设置和学生的数量进行明确的设置。在建设学生工作队伍的过程中,要注意优秀学生的数量应该少而精,以此保证优秀学生队伍建设的先进性;而班级团学组织则不一样,为了给更多的学生提供锻炼机会,因此应该适当增加优秀学生的数量。

(2)严格遵循选拔标准

在优秀大学生队伍建设中,制定的选拔标准应该是德才兼备、以德为先。[1]应该将有些学生的道德品质和德行表现放在首要位置,要严格限制那些在道德品质和个人素质有问题的学生进入到队伍建设中。具体来说,优秀学生的选拔标准主要有四个方面:第一,要具备良好的道德品质,关心时事,坚持党的四项基本原则;第二,具有为学生服务的热情,能够团结广大学生,对自己严格要求,以身作则;第三,具备良好的组织管理能力,能够顾全大局,具有积极的创新和进取精神;第四,能够正确处理团学工作与自身学习之间的关系,努力学习,取得良好的学习成绩。

---

① 中国共产党第十七届中央委员会第四次全体会议文件汇编.北京:人民出版社,2009,第19页

（3）合理制定选拔程序

在该环节中,应注意三方面的工作。第一,要积极宣传、鼓动优秀大学生参与到校园工作中,让他们建立为学校公共事务服务的意识。第二,严格遵循选拔制度。当前在高校中存在的学生工作选拔制度主要有三种形式,即选举制、任命制和公推公选制。其中,选举制又可以分为直接选举和间接选举两种形式,直接选举制是由全体学生来进行投票,以此来选出负责学生工作的人员;间接选举制是由高校的优秀学生代表来选出学生工作负责人的制度,在高校中的大多数学生干部都是由此产生的。任命制,是指由团学组织或是老师直接任命学生担当学生干部的形式,通常刚进入大学的一年级学生会采用这种方式。公推公选制,是指在广大群众推荐、学生自荐的基础上,通过公开答辩、组织考察等形式产生学生干部的制度。第三,在学生干部选拔结束之后,要对最终的结果进行公布,使之能够接受广大师生的监督。

2. 明确方向,重视高素质优秀学生队伍建设

建设高素质优秀学生队伍对于加强和改进大学生人身观教育具有重要的意义。① 因此,在建设优秀学生队伍之时,学校的相关部门应该召开学生座谈会,认真听取广大学生的意见和要求,全力解决他们在校园工作中遇到的难题,充分发挥他们教育、组织和联系广大同学的优势,全心全意为学生服务。

建设高素质优秀学生队伍有利于促进高校大学生的全面发展。社会主义事业的建设对大学生有着殷切的盼望,希望他们可以成为德智体美全面发展的优秀人才,这也是大学生在高校学习的重要目标。大学生在高校接受教育的过程中,要不断完善自身的知识结构,提高自己各方面的能力,尤其要注重培养管理组织能力,这不仅有利于他们能够更好地服务于同学,并且还有利于他们为走出校门,走向社会打下坚实的基础。

3. 着力培养,提高优秀学生沟通协调的综合能力

（1）淡化优秀学生的职务观念

应该加强学生干部与其所在部门和年级之间的交流与沟通,从而不断淡化学生的职务观念。大学生应明白,造成职务不同的原因是学生分工的不同,而形成职务的最终目的是要全心全意为学生服务。要把这一理念贯穿于大学生干部队伍教育的始终。在组织管理上,要按照大学生的能力和个性特征来安排工作岗位,使各年级优秀学生在参与学生工作的过程中,都

① 杨蕙.高校学生干部培养刍议.江苏高教,2005(3)

能够明确自身的责任。除此之外,还应该通过沟通的形式加强学生的自我教育。应当明确的是,自我教育是学生转变观念的一种重要方式。因此在学生干部参加校园工作的过程中,应该通过良好的沟通来培养学生的集体意识,促进学生实现自我教育,实现全面发展。

(2)做好学生工作的交接

在高校优秀大学生队伍建设的过程中,要注意发挥高年级大学生的领导作用,通过举办工作经验交流会的形式,向低年级的大学生讲述他们的工作经验或是工作中的成功及不足之处,以此让低年级的优秀学生注意到工作中可能存在的缺陷,不断提高自己为同学们服务的质量。除此之外,还应该经常举办不同层次和类型的工作交流会,如团支书工作经验交流,班级工作经验交流,院(系)团总支、学生会内部的工作交流等。通过这些活动,使学生可以相互学习,相互促进,相互提高。这不仅有利于促使低年级学生队伍的建设,同时还有利于高年级学生得到进一步锻炼。

(3)突出专业素养,塑造良好学风

对于高校的优秀学生来说,他们的首要身份是学生,其次才是学生干部,因此,学习才是他们最重要的任务。高校优秀学生是一个群体,是一个学校的符号,更应该在专业素养方面能够折服广大大学生。在高校中,学生应该树立起正确的学习动机,塑造全新的学习理念,使高校建立起优良的学风,学到扎实的知识,掌握真正的本领。学习成绩优异的大学生在学校的各种活动中可以起到一种带头作用,有利于团结广大同学共同参与到学习中,形成一种浓郁的学习氛围。在加强广大优秀学生专业学习的同时,还要注意加强理论学习,提高理论水平。

(4)锻炼学生解决实际问题的能力

实践是检验真理的唯一标准,经过实践以后,广大优秀学生能够更加透彻地认识正确的知识体系。要创造各种条件,让学生可以获得亲身实践的机会。在不同的团学工作岗位中,可以实行轮换制度,从而使学生获得全面的锻炼。除此之外,还应该积极组织学生参加各种社会实践活动,让他们在实践中提高解决问题的能力。

4. 合理使用,保证优秀学生在工作中能够健康成长

在通常情况下,优秀学生在校园的工作职责都有明确的规定,所有的工作岗位都有明确的工作要求,因此优秀学生应该按要求完成自己应当完成的任务,防止出现"越俎代庖"的现象。在高校中,学生工作的"越俎代庖"主要表现在两方面:一方面,完成了本应该属于他人的工作,这时就应当在高校中调动起学生工作的积极性,倡导其履行自身的责任和义务;另一方面,学生完成了本应该属于教育工作者的工作。一些高校的教育工作者,在打着锻炼学生的口号下,出现了将自身的工作推给学生来做的情况。因此,教育部门应该加强对高校教育工作者的考察和监督,让其亲自完成自己的本职工作,防止出现拔苗助长的情况。

高校学生的精力是有限的,他们的本职工作是学习,如果他们的精力只够完成自己的专业学习,那么就没有必要再去承担其它方面的额外义务。学生担任校园工作,其主要目的是锻炼自身的能力,因此并不是职务越多越好。在参与校园工作的学生中,要对他们所承担的职务进行一定的限制,从而可以保证他们在完成学习之后,只是利用业余时间就可以完成工作,而不是要占用课堂学习的时间。要对担任学生干部的学生进行监督,杜绝出现"有问题"的学生担任职务的现象。这里所谓的"有问题"主要表现在三个方面:第一,学生的专业学习出现问题,如果学生不能正确处理好学习和工作之间的关系,那么就应该果断将其换下来,督促其提高学习成绩,这是对学生负责的表现;第二,学生的道德品质出现问题,该类学生对团学组织表现积极,而对自己的班级表现消极,因此上级团学组织在选用学生干部时,要尽量听取下级团学组织的意见,防止任用"两面派";第三,同学交往出现问题,该类优秀学生不能与周围同学保持良好的关系。通常优秀学生在广大的学生群体中都会起到一定的领导作用,受到其他同学的青睐,高校应该充分利用优秀学生良好的人际关系,创造良好的校园风尚。

5.进行考核,提高优秀学生为同学服务的意识

对于高校学生来说,学生工作岗位是一种良好的学习资源,大学生在工作的过程中,可以锻炼自身的组织管理能力和处理人际关系的能力。高校优秀大学生在参加校园工作之前就应当明确,工作的目标是要全心全意为学生服务。为了避免他们偏离这一工作的目的,防止出现个人主义,因此应当对担任校园工作的学生定期进行考核。在考核的过程中,需要注意以下三项内容。

(1)明确考核内容

明确考核内容是对优秀大学生进行考核的前提,从高校工作的实际出发,对优秀学生的考核主要是从以下四个方面进行:第一,考核大学生的德行,其主要包括大学生的政治态度和政治素质、思想品质和道德品质、遵纪守法等;第二,考核大学生的能力,主要包括政策水平与工作思路、组织协调和决策能力等;第三,考核大学生的勤勉程度,主要包括为同学的服务意识、敬业精神和工作投入情况等;第三,考核大学生的业绩,主要包括专业学习成绩、完成工作任务情况、创新开展工作的成效等。在对四个方面的考核中,可以依据高校不同的实际情况,按照不同的权重值进行考核。

（2）注重考核办法

在对大学生考核中，选定恰当的考核方法应注意以下三点：第一，要将定量考核与定性考核相结合，对优秀学生的德行应该采用定性考核，而对他们业绩的考核则应该采用定量考核；第二，要将同学考核与老师考核相结合，这样有助于对服务对象可以对服务者展开民主考核，同时也可以让高校人身观教育者对优秀学生的工作进行客观的评价；第三，要将平时考核与阶段考核相结合，要记录下优秀学生的日常工作表现，还可以以学期或是学年为单位来对优秀学生的校园工作进行全面的考核。

（3）利用考核结果

对优秀学生校园工作考核结果的充分利用主要表现在三方面：第一，要将考核结果及时反馈给接受考核者，这样有利于学生可以看到自己在校园工作中的优点和不足之外，从而在以后的工作中加以改善；第二，可以将考核结果与学生的评奖评优相挂钩，对校园工作考核结果优异者，可以授予其优秀学生干部或团学工作先进个人等荣誉称号，同时还可以给予其一定的物质奖励；第三，可以将考核结果作为调整有些学生工作岗位的依据，对成绩优异者可以进行升职考虑，而对考核成绩不理想者可以予以罢免职务的惩罚。

（四）优秀毕业生队伍建设概略

优秀毕业生队伍建设同其他队伍建设比较相似，所不同的就是要注意毕业生群体的特点，应当注意以下几个方面的问题。

1. 毕业生在高校人生观教育中的优势

在学生工作中，高校毕业生有自己独特的优势。首先，他们与一般大学生十分相似，能够快速融入大学生群体中去。刚从大学毕业，他们并没有脱去从学校带走的书生气息，仍然在为自己所希望的理想奋斗。这一点与普通大学生很相似。其次，他们有着刚刚进入职场的忧愁和烦恼，知道如何在大学中去做才能弥补自己在职场中的缺陷。初入职场，在新鲜过后，紧接着的就是职场中所遇到的知识性或者经验性缺陷，面临职场晋升的瓶颈。再经历过这些挫折之后，他们能够感悟到在之前怎么做，才能避免现在的缺陷。最后，作为校友，毕业生和在校大学生有很近的心理距离，他们愿意帮助自己的学弟学妹尽快地走向成功。

2. 毕业生队伍建设与优秀学生队伍建设的联系与区别

毕业生队伍建设与优秀学生队伍建设有一定的相似性，但是又完全不同。从联系上讲，这两支队伍的建设都要讲纪律、讲原则，一切人生观教育的相关要求都要讲。这是建设一支为同学服务的队伍的基本要求。然而，毕业生队伍与其他队伍毕竟存在差别。首先在时间上，他们不可能像其他队伍一样，只能抽时间来学校，与大学生进行交流。因此，广大人生观教育管理者在这方面一定要做好管理。其次，在心态上，毕业生介于优秀学生和教师之间，在这一点上，管理者们也要有所准备。

二、建立大学生人生观教育的专业教师队伍

(一)大学生人生观教育专业教师队伍的建设方向

1.职业化、专业化是根本

(1)职业化、专业化对高校人生观教育的意义

首先，职业化、专业化是专业教师队伍建设的瓶颈问题。目前专业教师队伍存在着知识结构不合理、理论水平不高等问题。这些问题在各高校是普遍存在的。科学规划教师的职业生涯，设计从业标准和规范，系统地培养专业教师的专业技能，是专业教师队伍职业化、专业化建设研究的关键问题。

其次，职业化、专业化是提高专业教师工作水平和育人能力的必然要求。专业教师是高校教师队伍的重要组成部分，对大学生的成长起着至关重要的作用，是打赢大学生培养这场战争的重要战略武器。因此，在社会信息乱涌的今天，大学生人生观教育能否进一步加强和改进，大学生能否健康成长，关键在于能不能建设一支高水平的专业教师队伍，关键在于专业教师的工作水平和育人能力的培养提升。

(2)专业教师队伍职业化、专业化的内涵

专业教师队伍建设职业化、专业化的内涵可理解为：以提高大学生人身观教育的成效为目标，以教育的专业性、科学性为要求，以职业稳定性和长期性为基本特征，逐步使专业教师个人和团队成为大学生人生观教育中的职业精英的发展过程。

专业教师是为实施大学生人生观教育、学生成长发展指导和学生事务管理而设置的专职岗位，是集理论性、知识性、实践性的工作。因此专业教师职业化至少应理解为以下两个方面的内容：一方面专业教师工作要有相应组织和制度保证；另一方面要相应提高专业教师的待遇水平。

专业教师专业化是指对人生观教育的专业教师进一步进行培养，使他们能够掌握与人生观教育相关的最新知识和技能，能够切实履行其工作职责的过程。这个概念至少包含两方面的含义：一方面是专业教师切实履行工作需要不断接受培训学习，另一方面专业教师的工作经验可以成为其他

教师学习的内容。

2.专业教师队伍建设的基本目标

大学生人生观教育专业教师队伍建设的目标是：建立准入制度和科学的工作规范，通过有效的评价机制、合理的职业发展方向，使专业教师确立职业信仰；逐步使专业教师具有学生人生观教育、学生发展指导、学生事务管理方面的学科知识背景，打造一支敬业精神好，工作能力强，专业水平高，学术素养厚的大学生人生观专业教师队伍。

具体说主要包括以下几个方面：

（1）明确专业教师的工作职责。利用政策导向，引导专业教师把工作重心放在学生人生观教育、学生成长发展指导及学生事务管理上，提高业务能力和职业素养，树立专业教师的敬业精神。

（2）稳定专业教师队伍。通过职业化、专业化建设，合理设计教师发展阶梯，增强其职业认同感和职业成就感，安心工作，确保队伍稳定性。

（3）提高专业教师的专业技能和专业水平。通过探索与努力，积累专业教师工作经验，并在理论研究的基础上，对新进人生观教师进行系统的专业训练，不断提高自身的专业水平。

（二）大学生人生观教育专业教师队伍建设的主要内容

1.提高专业教师自身素质

专业教师具备良好的素质结构是其工作的基础和前提。素质是人们在环境熏陶、教育培养和自身活动的历练，日积月累而形成的基本稳定的内在品质，是多种因素构成的综合结构。根据专业教师工作的内容，专业教师素质结构中至少要包括三方面的素质：一是思想政治素质，主要包括政治素质、思想素质和道德素质；二是课堂管理能力素质，包括组织管理能力、语言文字表达能力、协调沟通能力、分析判断能力等；三是综合业务素质，主要包括专业知识、综合素质、知识的学习与创新等。

（1）思想政治素质要求

专业教师的思想和言行对每个学生有着潜移默化的影响，这要求其政治素质必须过硬。在这方面专业教师至少要做到以下几个方面的要求：具备扎实的政治理论，坚定党的政治方向；树立正确的德育观，教师要坚持"育人为本"、"德育为先"，忠于党的教育事业；具备崇高的职业道德；专业教师要为人师表，率先垂范，公正无私，严于自律。

（2）课堂管理能力素质要求

专业教师工作成效取决于其能力素质。构成专业教师能力素质的主要有以下几个方面。

第一,组织管理能力。专业教师不是面对一个大学生,而是面对一个团体,因此必须要具备一定的管理能力。一方面不断明确学生组织各机构的责、权、利构成,另一方面要学会优化具体活动中的人、财、物、信息、时间等资源配置,实现管理的科学化、规范化和制度化。

第二,语言文字表达能力。专业教师要努力掌握谈心谈话、对话、辩论的语言技巧,能够准确表达自己的观点;善于把工作思路准确地用语言或文字表达出来,以便向上反映,向下宣传;善于对个别大学生进行谈心和说服教育。

第三,分析判断能力。专业教师与学生接触的时候可能会遇到许多无法通过预案准备的突发事件。为此,要求专业教师通过在复杂环境中的实践锻炼,培养和提高自身审时度势、灵活反应、当机立断的能力。

(3)综合业务素质要求

当今社会大学生知识层次较高、求知欲较强。作为其引路人和指导者,教师必须具备较高的综合素质和多种知识技能,为做好学生工作打下基石。首先,具备高水平的专业知识,除要掌握人生观教育、学生事务管理、学生发展指导的基本理论之外,还要掌握心理学、教育学、伦理学、管理学、法学、社会学等方面的知识和能力。其次,要熟悉大学生思想特点和心理特征,掌握学生教育管理的一般规律、方法和基本知识,增加自身的知识储备,不断加厚自身的文化底蕴。再次,要坚持学习与创新,勤于观察,善于总结,具备一定的科研能力,根据形势的发展,不断地研究新情况、新问题,提出新思路、新举措。

2.规范专业教师的工作内容

随着社会的发展,新时期人生观教师的工作内容发生了变化,当前专业教师的工作内容应至少包括学生人生观教育、学生发展指导这两个方面。

(1)大学生人生观教育

对大学生进行人生观教育是专业教师工作的核心内容。要切实加强和改进大学生人生观教育工作,培养造就千千万万具有高尚思想品质和良好道德修养、掌握现代化建设所需的丰富知识和扎实本领的优秀人才,使大学生们能够与时代同步伐、与祖国共命运、与人民齐奋斗,这对于确保实现全面建设小康社会,进而实现现代化的宏伟目标,确保实现中华民族的伟大复兴,具有重大而深远的战略意义。专业教师队伍建设工作应以大学生全面发展为目标,组织开展多种形式的主题教育活动,坚持谈话制度,深入了解学生,有针对性地开展大学生人生观行为引导工作,努力提高针对性、时效性和吸引力、感染力。

（2）学生发展指导

近年来国内外各种因素借助网络不断对高校学生施加影响,高校学生在面临学习、心理、就业、社会实践等方面压力之时,急需教师从人生长远发展的角度对其发展给予指导。专业教师必须向育人专家型转变,给予学生更多的"发展指导"性帮助,特别是要主动学习掌握并运用教育学、心理学、管理学和社会学的原理研究学生的思想和行为规律,有针对性地采用相应的教育方法和手段对大学生的认知、情感、意志和社会环境适应方面的问题进行辅导和指导。

3. 健全专业教师工作制度

专业教师工作制度是对教师工作规律和工作原则、工作内容等的明确规定。依据我国高校当前的情况,专业教师工作制度可因地制宜、因校制宜。综观教师工作程序,专业教师工作制度至少应包括以下方面。

（1）主题讲座制度

主题讲座是有效发挥专业教师积极作用的形式,可以对学生进行人生观教育和发展指导,对提高班级校园文化的熏陶作用和促进学生健康成长具有重大作用。定期举办主题讲座,集中开展某一类型的学生人生观教育,认真听取和解决学生问题。讲座要经常化、定期化,不断充实内容创新形式,切实解决学生工作中的问题。

讲座要精心设计,制订方案,做好材料积累工作。要积极创造自由宽松的交流环境,综合利用专题讨论、主题演讲、互动交流等形式。

（2）师生联系制度

听取学生意见,获得学生的积极反馈,是发挥专业教师的积极作用,做好大学生人生观教育的一个重要侧面。专业教师应与学生紧密联系,及时做好与学生的沟通工作,把学生的思想问题解决在平时,将十分有利于大学生健康成长。学校管理部门要给这项工作以高度重视,要求专业教师在平时抽出一些时间回复学生邮件和信息,保证学生能够从专业教师获得综合的心理和思想支持。

（3）与学生谈心谈话制度

与学生谈心是高校专业教师工作的基本形式之一,可以准确地掌握学生的学习、生活情况,及时发现问题、解决问题。在谈话过程中,专业教师要了解大学生的所思和所想,重点关注存在心理发展问题的大学生,定期与谈话的学生群体进行沟通,鼓励他们努力奋斗,发挥模范作用。

专业教师在与学生谈话时,要掌握谈话时机,坚持多种类型与解决实际问题相结合的原则。谈话要有目的,贴近学生思想实际,符合学生的心理特征,具体问题具体分析。要尊重学生,耐心、真诚、平等地对待学生,营造宽松氛围。

(4)研究和培训制度

研究和培训制度是针对专业教师自身的,目的在于提高专业教师自身素质。在目前的工作中,可以看到,专业教师素质参差不齐。针对这种情况,学校管理部门要定期举办专业教师的培训班,向教师传授需要掌握的课堂讲授方法。与此同时,针对高校人身观教育工作的特殊性,学校还要定期组织广大专业教师的集体学习,从而可以将有关人生观教育最新的理论知识传授给广大的学生。

4.专业教师的工作要求

(1)专业教师的工作原则

专业教师工作首先要坚持"以人为本"的总原则。学生工作的本质是对人实施管理,教育人、培养人,最终实现解放人、发展人。因而教师工作必须坚持"以人为本",符合教育管理规律和学生的身心发展特点。在实际工作中做到一切从学生出发,重视学生的主体地位,尊重学生人格和价值,保护学生自尊心。在此基础上,还应坚持:

第一,因材施教原则。在对学生"一视同仁"的基础上,遵循学生特点。从每位学生特点出发,区别对待,因材施教,一把钥匙开一把锁,切忌模式化。

第二,平易近人原则。在专业教师工作中,教师处于主导地位,但还需要学生的配合。盛气凌人的工作方式难以得到学生的接受和认同。尊重人、理解人、关心人、爱护人是专业教师开展各项工作的前提。

第三,公平公正原则。专业教师工作关系到许多学生利益,处理这些问题时要坚持公开、公平、公正原则,做到对自己负责,对学生负责,对家长负责,对学校负责。

第四,积极引导原则。积极引导原则要求教育者做艰苦细致的工作,摸清问题的来龙去脉,有针对性地对教育对象进行教育和引导。专业教师的"晓之以理,动之以情"的教育方式,是打开学生心灵的钥匙,它能架起师生之间相互信赖的桥梁。

第五,率先垂范原则。专业教师在日常工作和生活中,要在学生心目中树立良好的形象。教师在工作中,不但要为人师表、育人先育己、身体力行,而且应具有良好的心理素质和政治觉悟。"其身正,不令而行;其身不正,虽命不从。"身教重于言教应成为教师工作的座右铭。

(2)专业教师工作的基本要求

专业教师对学生产生的影响主要建立在崇敬和信服的基础上。因此,专业教师除了要具备全面的职业素质外,还要有积极向上的工作态度和职

业精神,这就要求教师做到:

第一,了解学生,热爱学生。专业教师要与学生打成一片,做良师益友,了解和掌握学生所处的发展阶段,有针对性地开展工作。

第二,敬业奉献,以德服人。教育者要干一行,爱一行,脚踏实地,把学生工作当作一项伟大的事业。只有热爱本职工作,才会对工作充满信心和全身心投入,才会有强烈的事业心和责任感。

第三,不断学习,以才服人。专业教师做好本职工作,一方面要有优良品德,另一方面还要勤学善思、刻苦钻研,提高自身理论水平。因此,教师要增强学习意识,拓宽知识面,为做好大学生人生观教育工作打下坚实基础。

5.健全专业教师考核制度

(1)专业教师考核的指导原则

考核内容的设置,应遵循以下几个原则:

第一,坚持全面性原则。专业教师考核要坚持硬性指标和柔性指标相结合,全面考察教师工作。要将教师的思想政治状况、所带学生情况和学术研究情况等硬性指标和教师所带学生的评价、所带学生综合素质发展情况、日常工作开展情况及效果等软的内容结合起来,从而客观全面地考核专业教师工作。

第二,坚持科学性原则。科学性原则是专业教师工作质量保障的内在要求。科学的专业教师工作考核体系可以保证教师工作评价的公正、公平,有效地推动专业教师队伍的建设。

第三,坚持客观性原则。专业教师工作考核一定要保证客观性,不能由主观因素决定考核的绩效。考核指标体系的设置除要注意客观性之外,还应注意实际操作因素影响,对各类高校的专业教师工作的考核,需要根据教师工作的考核体系,作出客观的评价。

(2)专业教师考核的组织实施

专业教师的工作考核是个系统化的工程,需要对考核流程作科学的设计。

第一,设计考核指标。帕累托法则提示关键行为的分析和衡量是绩效评价的核心。有些高校在专业教师绩效考核指标中提出的"工作、学习、研究"基本要素,值得借鉴。绩效考核指标设计还要考虑多方意愿,考虑学校的综合实力、师资概况、学生素质和管理的基础等。同时还要让专业教师了解清楚,有的放矢。

第二,确定考核实施者。全面和系统的考核包括考核部门自上而下的认可、学生的满意度反馈、自我认同、同级评价等。因此考核者应是最接近专业教师的多维主体,一方面他们最熟悉教师工作情况,能够做出客观评价,另一方面则有利于创造和谐的工作局面,有利于教师增强自我发展意识。

第三,合理利用绩效考核结果。绩效考核的目的之一就是为专业教师的薪酬设定、晋升决策和培训计划提供合理性的依据。考核的激励性就体现在待遇的兑现和自我满足感的实现,当考核结果不能被及时、合理使用时,就会导致考核流于形式。要避免绩效考核成为一项一次性的任务,就必须"言出必行",当然考核结果的应用也要具体分析、具体应用。

(三)大学生人身观教育专业教师队伍建设的成就

1. 建设规划逐渐走向科学

自高等教育大众化以来,各地高校和教育主管部门都十分注重探索加强专业教师队伍建设的模式和方法,特别是自新世纪以后,专业教师队伍建设走向了更加科学系统的道路。应该从整体上对专业教师队伍建设做了系统统筹规划,加强了宏观设计和指导,推动各高校的专业教师队伍向前发展。很多高校在这一意见的指导下,逐步开展了高校专业教师队伍制度的建设,按照业务精、政治严的基本要求,严格遴选教师,把一批社会上有名望、有代表性的群体引入到大学课堂上,为广大大学生补充社会"正"能量具有十分重要的意义。

2. 素质结构不断优化

近年各高校不断优化专业教师队伍素质结构。首先,政策上加大支持,注重专业教师的行业结构,同时配备专业教师的管理机构。其次,严格准入制度,各高校严格审查专业教师的资历、社会背景和道德水平,注重教师的道德观要求。再次,把一些人生观教育和学生工作的专家和权威引入到教师队伍中去,保证人生观教育的质量。

随着专业教师队伍素质结构的优化,专业教师工作已经能够卓有成效地开展。广大专业教师的政治素质、思想素质和道德素质再次得到提升,知识素养日益变得扎实深厚,对新形势和新任务已经能够逐渐适应。

3. 管理制度愈加完善

专业教师队伍管理制度的成绩主要体现在三方面。

第一,各高校更加清晰明确专业教师的职责范围。各高校通过科学制定专业教师工作规范,通过严密的管理规范体系日益强化了对教师的管理。

第二,专业教师工作评估机制得到建立健全,并制定专业教师工作的具体办法,健全考核体系,建立以工作实绩为主要内容、以学生满意度为主要指标的考核体系,并将教学辅导结果与专业教师的待遇水平挂钩。

第三,优化考核激励措施。各地教育部门和高等学校将优秀专业教师表彰奖励纳入各级教师、教育工作者表彰奖励体系中,按一定比例评选,统一表彰。这些制度都加大了对专业教师的激励,逐步确立了能进能出、竞争择优、充满活力的用人机制,并在专业教师队伍中树立了一批先进典型。

第六章　人生观教育评价探索

评价是人生观教育中不可或缺的必需环节,教育过程离不开检测和评价,否则就无法正确地实施调节和控制。对教育结果,也必须进行检测和评价,一方面,通过检测和评价来肯定成绩,以便采取措施巩固和发展已经取得的成果;另一方面,通过检测和评价指出存在的问题和不足,以便采取措施加以解决。因此,人生观教育的评价可以有效地监测和推动教育的正向进行,有利于增强大学生的责任感,调动大学生的积极性、创造性,争取更好的成效。

第一节　人生观教育评价原则

人生观教育评价的原则,是关于人生观教育评价工作的具有普遍意义的客观规律认识,是指导考核评价工作正常、正确进行的基本依据。要明确人生观教育的评价原则,就要首先弄明白人生观教育评价的内涵、内容、特征。

一、人生观教育评价的内涵

人生观教育评价就是根据社会对人生观教育的要求以及人生观教育评价对象的实际,确立指标体系,运用测评和统计等先进方法,对人生观教育的实际效果进行价值判断的过程。据此,人生观教育评价就是教育主管部门或高校根据大学生思想政治教育的目标、要求以及大学生的思想实际,确立指标体系,运用测量和统计等先进方法,对人生观教育的保障机制、实施过程及实际效果等进行价值判断的过程。它为考核教育者(部门)的工作绩效和制定科学的人生观教育决策提供重要依据。

人生观教育评价的首要内容是对人生观教育是否实现了预期目标进行评价。人生观教育的根本目标在于提高大学生的思想政治素质,人生观教育的一切活动都必须围绕这个根本目标,促进这个目标的实现。如果通过实施日常人生观教育,大学生的思想素质、政治素质、道德素质、理论素质都得到了较大幅度的提高,这说明人生观教育取得了良好的实际效果。否则,说明人生观教育的效果还不够好,没有实现大学生思想政治素质教育的目标。因此,人生观教育评价,必须依据人生观教育的目标,围绕大学生思想政治素质的表现域,构建评价指标体系,客观地反映大学生思想政治素质的变化情况,评价人生观教育的实际效果。

此外,人生观教育的保障机制、实施过程也是评价的重要内容。人生观教育的保障机制、实施过程是影响人生观教育取得实效的关键因素。只有建立健全完善的领导机制、管理制度,保证一定的人员配备、物质投入,组织、落实好每次教育活动,人生观教育才能达到预期的目标。对人生观教育的保障机制、实施过程进行评价,实质上是对人生观教育的指导、要求,体现了评价的调控功能。

二、人生观教育评价的类型

为达成评价目的,可以从不同角度和按不同标准对人生观教育进行评价。评价的类型不同,评价所产生的作用也会有所不同,但评价的类型必须服从评价目的。基于目前对人生观教育的评价,可以依据一定的标准划分为以下类型。

(一)宏观评价和微观评价

依据评价对象的不同可以分为宏观评价和微观评价。宏观评价是以全国或某个地区或一所大学为对象,评价其人生观教育的整体效应。微观评价是以一所大学的某一单位,或某一个人或某一特定教育活动为对象所进行的评价。宏观评价的目的是获得关于高校人生观教育的整体、概括性的认识;微观评价的目的是获得关于高校人生观教育效果的具体的、个别的认识。

(二)动态评价和静态评价

依据人生观教育状态的不同,可以分为动态评价和静态评价。前者是对大学生政治教育的过程和大学生的思想政治素质变化的状况所进行的评价,后者是对人生观教育已经取得的成效和大学生思想政治素质已经达到的水平所进行的评价。

人生观教育是一个不断发展的实践过程,其效果的体现也是一个动态的过程,因而,应对人生观教育进行动态的评价。但人生观教育也有相对静止的一面。人生观教育的静态评价,就是以人生观教育相对静止状态为依据所进行的评价。动态评价和静态评价不可偏废,应当结合进行,只有这样才能真正把握人生观教育的规律性,符合评价科学性的要求。

(三)定期评价与不定期评价

按照时间分,可以分为定期评价和不定期评价。定期评价有固定的时间,多数为例行评价。如大学生的思想政治状况可以在每学期结束时对本学期的学生思想政治状况进行评价,采取的方式多为思想政治理论课考试等方式。也可以是对学生党员、团员按照每月进行评价,采取的方式多为时过组织生活、写思想汇报、集体政治理论学习情况等的考察。

不定期评价主要用于评奖评优等,根据高校的工作实际及要求进行不定期的评价。因情况不固定,其评价的时间也不固定。同时,对于大学生思想政治考察中的心理素质情况,如工作学习中出现思想波动的情况,就需要当事人及时、不定期汇报或者教育者及时发现并采取措施。因此,这类评价直接反映出了人生观教育工作体系建构是否合理、反应是否迅速等情况。

(四)单项评价和综合评价

依据人生观教育评价内容的不同,可以分为单项评价和综合评价。单项评价是对人生观教育活动的某一个方面、某一项指标或某一个环节所进行的评价。单项评价是综合评价的基础,它的准确性影响综合评价的准确性。综合评价是从整体上对人生观教育进行的评价,包括对人生观教育的主体、内容、过程及效果进行的综合考评。

(五)失误性评价和成功性评价

依据人生观教育后果的不同,可以分为失误性评价和成功性评价。人生观教育的后果大致可以分为两个方面:一是失误(或失效)的后果,一是成功的后果。失误性评价重在查找问题、分析失误(或失效)的原因,目的在于从失误(或失效)中吸取教训,从失误中探索人生观教育的规律与正确的方法。成功性评价是对人生观教育活动中取得成绩与成功经验进行的评价,目的在于从成功中总结经验,探索人生观教育的规律,推广先进经验。

(六)事先评价、中间评价、事后评价

按工作进程分,可以分为事先评价、中间评价和事后评价三种。事先评价是在进行某一项人生观教育之前,其教育主管部门和教育者,对其单位的现实和历史情况进行周密调查,吸取以往正反两方面的经验教训,进行科学预测和系统分析。这种评价是在实践中运用最少的一种方法,现实中它是

以行政领导的管理经验和专业知识的掌握程度作为标准的,也是在人生观教育评价中用于指导性指标体系建立的实验性评价,一般用于指导人生观教育的目标定位、体系建构、队伍建设及软硬件设施的配备要求等。但从效率角度看,这种方法具有很好的指导性和针对性,能够事先对人生观教育提出有效评价。当然,开展好事先评价,必须进行大量的信息收集、整理和政策把握。

中间评价是在人生观教育方案选定之后,为了使人生观教育达到既定目标,取得预期效果,在实施中进行中间评价。这样一方面可以交流经验,互相取长补短,为后面的评价打下基础;另一方面可以及时发现问题,及时采取措施加以解决。

事后评价是被广泛应用的一种评价方法,但在发达国家被视为是效率最低的评价方法。教育也要注重投入与产出,要改变那种不计成本、不讲效益的人海战术,实现用最小的消耗,取得最大的成效。但这种评价对于人生观教育本身特有的长效性特别适用。例如,高校对于学生思想政治状况的评价,可以采用听取用人单位对毕业生质量的反馈意见的方法。

(七)其他评价类型

除了上述评价类型外,还可以按照不同的分类方式确定评价的方式。

按照人生观教育的对象不同,可以划分为要素评价、过程评价、效果评价;按照评价的组织方式来区分,可分为实地会议评价与通讯评价。

按照人生观教育评价的功能不同,可以分为诊断性评价、形成性评价和总结性评价。诊断性评价是指在人生观教育活动开始之前,为使其更加有效地实施而进行的评价。诊断性评价要把握评估对象的两种状态:一是症状诊断;二是原因诊断。形成性评价是指在人生观教育活动的过程中,为了获得更好的教育效果而修正人生观教育方向所进行的评价。总结性评价是指在人生观教育活动之后为判断其最终教育效果而进行的评价。

按照人生观教育评价的价值标准不同,可以分为绝对评价、相对评价。绝对评价是指判断完成既定社会目标的程度而进行的评价。相对评价是指在组织、团体之内进行的判断完成既定组织目标的程度而进行的评价。

三、人生观教育评价的特点

(一)价值判断性

人生观教育评价,是对人生观教育活动的价值判断过程,也就是评估者对受评对象所开展的人生观教育活动的效果有无价值,有什么价值,有多大价值的断定。首先,这种价值判断,实际上是一种社会价值的判断。原因在于:人生观教育作为一种教育实践活动,要服从和服务于中国特色社会主义建设事业发展的需要,要为培养中国特色社会主义事业的建设者和接班人做贡献。因此,人生观教育评价,是对人生观教育活动实现社会价值的方向和程度做出评判。通过评估人生观教育的实际效果的好坏和大小,可以反映人生观教育价值的取向和程度。所以,人生观教育的评估,其实质是对人生观教育实际效果的评估。

(二)导向性

人生观教育评价的标准和结果,具有明确的导向作用。评估标准会明确地引导被评估者按照评估标准进行自我评估。经过评估,能诊断人生观教育活动是否存在问题,例如,教育活动是否达到了教育目标的要求,哪些工作做得好需要发扬光大,哪些地方还存在着问题应当改进,等等。通过评估,诊断问题的症结所在,及时地给予纠正和改进,这将使人生观教育更具有针对性和有效性。因此,评估工作应十分慎重,力求科学化、规范化,应对受评者发挥正面的、积极的导向作用。

(三)评估结果的相对性

通过收集和分析人生观教育的反馈信息,可以判断被评估者是否发生了变化,在哪些方面和在多大程度上发生了变化。但这种评估的结果只是相对的。之所以是相对的,原因在于:

第一,由于主观或客观原因的存在,评估所依据的反馈信息并不一定都是真实可靠的,如果反馈信息有虚假的成分,评估的结果就会出现偏差。

第二,评估的结果往往是通过相对比较得出的,例如将教育的效果与评估的标准相比较,此评估对象与彼评估对象相比较,由于比较的相对性决定了由此所产生的结果的相对性。

第三,人生观教育的效果本身是复杂的,它有当时效果和以后效果之分,有显效果与潜效果之分,有一时效果和长久效果之分,等等。人生观教育的效果往往不能当下就能表现出来,其实现的周期比较长。例如,我们既可以通过课堂的教学效果,也可以通过考试成绩的好坏为依据来评估某门思想政治课的教学效果,但真正的教学效果是要看学生的思想政治素质是否真正形成,行为表现是否大有长进,并且在长期的实践中能否经受住考验。因此,人生观教育评价的结果往往具有相对性。

(四)复杂多样性

人生观教育评价是对教育过程各要素、各环节和教育效果各方面的评估,既要评估教育目标、内容、形式和方法,还要评估教育环境;既要评估受教育者,又要评估教育者。人生观教育评价,不仅要对某个因素进行评估,又要评估综合因素。从时间上讲,人生观教育的评估可以是定期,也可以是不定期的;可以是经常性的,也可以是阶段性的。从评估主体上看,有上级组织对下级组织、组织对个人的评估,也有教育管理部门与社会力量结合的评估,群众的民主评估、同行评估、自我评估等。可见人生观教育评价具有复杂性。

四、人生观教育评价的功能

人生观教育评价的基本功能就是开展评估活动,反馈评估结果,使人生观教育工作的进行得到及时的、有效的控制和调整,进而优化人生观教育的运行机制。围绕这一基本功能,人生观教育评估的具体功能主要表现在以下几个方面。

(一)导向功能

人生观教育评价的导向功能主要表现在以下两个方面:一是人生观教育评价是对人生观教育社会价值的实现做出价值判断的过程。因此,评估对于人生观教育是否适应了社会需要,是否朝着社会发展方向进行等问题起到了引导的作用。另一方面,任何评估都会潜移默化地影响着评估对象思想观念、行为表现等发生变化。通过有目的、有计划的人生观教育评估,可以促使和引导大学生的思想观念、行为表现等都能够遵循社会发展的要求,以实现其正确思想观念的内化和行为表现的外化过程。由此,评估对象可以认识到自身优缺点,进而明确今后在人生观教育工作中努力的方向,促进人生观教育目标的实现。

(二)比较功能

人生观教育评价运用科学的评估方法对某一时间段或某一单位的人生观教育工作的质与量进行分析、比较,从而帮助评估主体认识到评估对象之间的好坏、优劣等差异。如:评估主体可以根据各部门人生观教育开展的程度,识别大学生思想道德素质的不同层次,考察人生观教育是否达到了教育目标的要求;还可以通过比较选出哪些方面做得好,哪些方面存在不足;等等。另外,通过评估还可以比较选拔出思想政治素质过硬的优秀个人和单位作为榜样、典型。

(三)调控功能

在日常工作中,人们经常运用评估来明确工作目标的实现程度。在人生观教育工作中,预期效果是否达到;提出的目标是否符合实际、具有可行性;现阶段目标实现后,是否还有向更高目标发展的空间等,诸如这些问题,都可以通过掌握评估来掌握。掌握了这些信息,可以帮助人们对原定目标的实现程度有一个明确、清醒的认识,从而根据人生观教育过程中的实际问题和当前的实际状况等,对原定目标加以调整,以保证人生观教育目标更加符合实际、更具有操作性,确保人生观教育的顺利、有效开展。

(四)咨询功能

人生观教育是一项复杂的系统工程,要使该工程顺利进行。人生观教育领导部门的决策和管理成效十分重要。如果领导者不能及时准确地掌握大量真实可靠的信息,决策和管理成效就无从谈起。例如,开展人生观教育评价时,评估主体所掌握的人生观教育系统各个环节所取得的效果,也可以作为领导者决策和管理的依据。领导者根据这些评估所得信息,考核原定目标,从而作出新的决策。因此,评估在人生观教育管理中发挥着咨询的功能。

(五)考核评比功能

人生观教育评价是按照评估指标,对大学生思想政治的实际效果进行判定,其结果可以作为教育行政管理部门对高校或者高校对下属院(系)进行考核评比的重要依据。这是因为,"种瓜得瓜,种豆得豆",在其他条件相同或相似的情况下,那些严格按照要求,重视人生观教育,扎实地开展教育活动的单位和部门,一定能取得比较令人满意的效果,而那些敷衍了事,习惯于做表面文章的单位和部门,在评估中一定会露出马脚。同时,根据评估结果,对人生观教育开展得好的部门和单位,给予荣誉和物质上的奖励;对人生观教育没达到要求的部门和单位,给予某种形式的惩罚。通过评估,表扬先进,鞭策后进,对于增强人生观教育的实效大有裨益。

五、人生观教育评价的基本原则

评价原则即评价的准则,或者叫做评价的标准、基本规则。人生观教育的评价原则很多,我们认为主要的原则有和谐原则、全面原则、乐学原则、实效原则。

(一)和谐原则

和谐原则即以和谐理念为指导与核心,坚持以融洽、协调为根本要求评价人生观教育的过程及其效果的原则。

和谐原则是评价人生观教育的首要原则,之所以如此,主要理由如下:

第一,和谐是人生观教育的灵魂、核心。人生观教育秉持的就是和谐理念,实施的就是和谐内容,追求的就是和谐目标,或者说,和谐是人生观教育的性质和要求。因此,在对人生观教育进行评价时,理应坚持和谐原则,否则,评价就可能无的放矢或者南辕北辙。

第二,坚持和谐原则,评价才能促进人生观教育的完善与发展。评价不是目的而是手段,即评价是为了推动、促进人生观教育的完善、进步、发展。但是,不是任何的评价都具有和发挥出推动、促进的功能。只有评价这一手段符合目的、有利于目的的实现时,它才具有和较好地发挥出推动、促进的功能。坚持和谐原则,以和谐为准则评价人生观教育的过程及其效果,就有利于促进人生观教育的完善与发展。

第三,和谐原则对其他评价原则具有决定和影响作用。人生观教育评价的原则有多个,但是,所有的评价原则都是由人生观教育的性质决定的,都是为人生观教育的实施和发展服务的。和谐原则集中地体现、反映了人生观教育的性质,因之,它对其他的评价原则有决定和影响作用,即所有的评价原则都应以和谐理念为指导,都应遵从融洽、协调的要求。

坚持评价的和谐原则需要遵循以下要求:

第一,以和谐理念指导评价。既然和谐是人生观教育的灵魂、核心、目标,既然坚持的是和谐评价原则,在评价的整个过程中,就必须以和谐理念为指导,即着眼和谐,注重和谐,追求和谐,让评价过程成为弘扬和谐、促进和谐的过程。

第二,既注重教育结果的和谐,也关注教育过程的和谐。评价首先关注的是结果,因为,结果是人们追求的目标。但是,结果与过程是统一的。特别在人生观教育方面,若没有过程的和谐,定难有结果的和谐。因此,坚持评价的和谐原则,必须既注重教育结果的和谐,也关注教育过程的和谐。

第三,评价活动的实施要和谐。评价能否发挥出、发挥好应有的功效——推动、促进,关键在于评价的实施。实施和谐评价取决于多方面的因素,其中主要的有:评价主体合理,其关系和谐;评价方法正确;评价指标适当。在坚持和谐评价原则时,对上面诸因素都要注意到,要处理好各因素间的关系,让它们发挥好作用。

第四,评价活动的效应要和谐。前面已说到,评价是手段而非目的。这一手段是否符合目的,是否有利于目的的实现,就是评价的效应。评价效应既取决于评价的指导思想、评价实施,还取决于评价做出的判断是否客观、公正。因此,坚持评价的和谐原则,还必须确保评价判断的客观、公正。这样评价才具有促进和谐的效应。

(二)全面原则

全面原则即全面评价原则。就是说人生观教育评价要全方位、多层面评价,即从评价的两大方面看,既评价教育效果,又评价教育过程;从过程评价看,既评价教育的内容,又评价教育的方式、方法;从结果评价看,既评价受教育者的思想、心理,又评价受教育者的行为。

人生观教育坚持评价的全面原则,主要理由如下:

第一,和谐就是多因素的协调、统一。和谐是多因素的和谐,即多因素的协调、统一。人生观教育的评价,就要着眼人生观教育的方方面面,看多种因素、要素的状况及其作用的发挥,看多种因素、要素的关系是否和谐。

第二,人生观教育的成效由多方面显现。"人生观教育评估必须从整体出发,对人生观教育实践的全过程及其社会效果做综合性考察与评价,以克服和防止'只见树木,不见森林'或'只见森林,不见树木'的形而上学倾向"。人生观教育的成效是个多面体:从个体看,既有思想认识、心理素养、行为习惯,还有这样的思想认识、心理素养、行为习惯产生的客观结果;从社会看,既有社会的政治、经济、文化领域,还有社会生态、社会的持续发展;从人生观教育本身看,既有已经历的过程及其成效,也有人生观教育的进一步开展。所以,评价时不应仅就某一方面或侧面进行评价,应全面评价。

第三,人生观教育的成效是多因素共同作用的结果。人生观教育是非常复杂的活动,需要多种因素共同参与,且协调、一致地发挥作用。如既需要适切的教育目标、内容、载体、方法,还需要积极、协调的教育环境;既需要教育者真挚的情感、较强的教育能力,还需要教育者以身示范。因之,全面评价才能掌握人生观教育中多种因素的真实情状。

第四,全面评价才能细辨优劣,促进人生观教育的发展。正因为人生观教育活动中要素众多且需要协调、一致,所以,全面评价才能仔细地辨别、区分各要素及其关系何优何劣,问题何在,从而有针对性地采取措施,促进人生观教育健康、和谐、持续地发展。

坚持好评价的全面原则需遵循以下要求:

第一,评价指标要全面。坚持评价的全面原则,首先评价的指标要全面。指标即规定的目标,是对人生观教育中各项工作、活动制定的标准。有了标准才便于衡量。因之,全面评价就要有全面的指标,并按照各项具体指标逐一、认真地评价。

第二,评价主体要全面。人的本质是社会性,人在各种社会关系中存在;任何单位、团体也必然参与社会活动,在与个人、其他单位、团体的关系中表现自身的社会性及社会作用。因此,不论对某一受教育者抑或某一群体的人生观教育进行评价,应让所有知情者——被评价对象的关系者成为评价主体,这样评价才全面,才有利于克服评价的片面性、主观性。

第三,评价资料要全面。资料是评价的依据。全面评价就要全面收集资料,资料越全面、详尽,评价就越准确、客观。全面的资料,是指既有教育活动方方面面的资料,更应有反映教育成效的资料;既有直接的资料——可以直接查获、取得的资料,还应有间接的资料——来自非教育主体的资料——这些资料有时可能更客观、真实。

第四,评价过程要全面。评价活动是作为一个过程而存在和进行的,全面的评价就要有全面的过程,即评价的方方面面的工作要做足、做实、做细,而不是走过场。如确定适宜的评价模式、方法、指标,全面、详细地掌握评价资料,对获取的资料认真、仔细地核实与查证,对评价中的各项工作坦诚地征询多方面的意见、建议,等等。过程的全面是全面评价的保证。

(三)乐学原则

乐学即快乐地学习。乐学原则就是在人生观教育评价中,要注重受教育者接受、参与人生观教育的兴趣、态度的评判,即评判受教育者是否积极、愉悦、快乐地接受、参与人生观教育的评价原则。

在人生观教育评价中,倡导、坚持乐学原则的基本理由和依据如下:

第一,乐学反映了人生观教育的情状和效果。由于教育的内容、原则、方法、艺术等要素的决定,人生观教育应该是受教育者欢迎、乐于接受的,即乐学反映了人生观教育的情形和状况,否则,还不能算作人生观教育。同时,真正贯彻了和谐的人生观教育,能使受教育者体验、品尝到人生观教育良好的过程与收获,也会积极、愉悦、快乐地接受人生观教育。

第二,乐学是人生观教育持续、深入进行的前提和动力。人生观教育是个持续、深入进行的过程,永无完结。但是,持续、深入进行人生观教育的前提和动力是受教育者乐学,否则,没有好的实效,只能是教育者的一厢情愿,或者教育者强迫式地持续进行教育。

第三,乐学是人生观教育与既往人生观教育的重大区别。不容回避,进入新的历史时期以来,由于众多因素的影响,我们的人生观教育或者被忽视,或者是生硬、机械地进行,较多的受教育者对人生观教育没有积极的态度,甚至多有逆反。正是因为这样,在评价中我们才倡导乐学原则。乐学应该是人生观教育与既往人生观教育的重大区别之一。

第四,乐学是人生观教育中受教育者本应具有的情态。人生观教育对于个人的成长、发展具有重大的作用和意义:"人生观教育通过发展和完善人的思想道德品质,从一个方面满足人的精神需要……有助于受教育者逐渐形成高尚的人生意境"。[①] 因之,受教育者是应该乐于接受人生观教育的,即乐学是人生观教育中受教育者本应具有的情形和状态。

第五,乐学是以人为本理念在现代教育评价中应坚持的准则。以人为本已成为当代社会非常重要的理念。以人为本的理念贯彻在教育中就表现为以受教育者为本。在教育中以受教育者为本,就要尊重、关心、爱护受教育者,就要倾听他们的意见、心声,就要从他们的实际和发展需要出发进行教育。而一旦具有了这样的教育,受教育者是应该乐于接受的。所以,坚持评价的乐学原则,也就检验着人生观教育是否贯彻了以人为本的理念。

坚持好乐学评价原则的基本要求和方法是:

第一,观察人生观教育实施的现实情状。俗语说:耳听为虚,眼见为实。考察受教育者对人生观教育是否有兴趣,是否乐于接受教育、积极地参与到教育活动中,通过观察人生观教育实施的现实情形和状况便可一目了然。因为受教育者的情绪、状态是客观存在的,而且是难以装扮的。

第二,倾听受教育者的表达。了解受教育者是否愿意,或者喜欢接受人生观教育,是否能积极地参与到人生观教育活动中,最直接、有效的方法就是到受教育者中倾听受教育者的表达。这既是方法,更是要求。否则,难以获取真实的信息,难以做出正确的评价。

第三,倾听教育者的施教举措。受教育者能否乐学,关键在于教育者。因为在教育活动中,教育者是领导者、组织者,具有主导的作用。或者具体说,受教育者接受教育的兴趣、动机、热情、积极性,是教育者激发、调动起来的。所以,倾听教育者的施教举措,看看他是如何激发、调动受教育者的兴趣、动机、热情、积极性的,就可以得知受教育者是否乐学。

第四,掌握充分、具体、真实的材料。评价的客观、正确,取决于评价占有的材料的程度:掌握的材料充分、具体、真实,评价就容易客观、正确。否则,仅是走马观花,一知半解,就很难有客观、正确的评价了。

---

① 陈万柏,张耀灿.思想政治教育学原理.北京:高等教育出版社,2007,第 64～65 页

(四)实效原则

实效原则即关注、强调人生观教育实际成效的原则。也就是说,在人生观教育评价中,切实将受教育者思想品德的提高,特别是受教育者良好的行动及其收效放在非常重要的位置予以考量的原则。

人生观教育坚持评价的实效原则的基本理由或依据如下:

第一,实效是人生观教育的最高原则。"人们对实践活动效果的追求,其落脚点也正在于实践活动结果的效用上"。[①] 进行人生观教育就是为了提高受教育者的思想道德水平,特别是让受教育者有良好的行为,这是人生观教育的最高原则。因此,进行人生观教育评价就应注重实效,而不应该注重形式,华而不实。

第二,实效是人生观教育的重要意图。人生观教育的理念、内容、实施原则和方法等,都力求和谐,何故?除了目标的和谐,就是为了有良好的教育实效,同那种形式主义的、受教育者不愿接受的、低效甚至负效的人生观教育相区别和决裂。

第三,重实效是求真务实良好作风的表现。实事求是、求真务实是我们党倡导的良好作风。但是,较长时期以来,形式主义、浮夸作风在我们党内已相当严重,在人生观教育上表现也非常突出,因之,现实中不少的人生观教育活动被人诟病。在人生观教育评价中注重实效就是坚持、弘扬我们党求真务实的良好作风。

第四,重实效给人生观教育确立了良好的导向。较长时期以来,由于官僚主义、形式主义严重,在人生观教育评价上也有较为严重的形式主义——不注重实效而走过场,从而给人生观教育带来并造成很坏的影响。坚持评价的实效原则,将为人生观教育及其评价确立务实、求实的良好导向。

坚持好实效原则的基本要求是:

第一,确立起牢固的实效观念。毛泽东同志曾说:共产党是最讲认真的;我们党的思想路线的核心就是实事求是。所以,我们必须确立起牢固的实效观念,不要搞形式主义,否则,既浪费了人力、物力、财力,也会败坏党的人生观教育以及党的形象与威望。

第二,真正以"实"检测实效。以"实"检测实效,即注重的不是听汇报、阅书面材料,看那些准备好、安排好的场景,而是以工作、生活、学习中的真实的事例、现象、数据检验、测度来反映和表明实效。

第三,"实"在现实中寻找、确认。"实"在哪里?多年来,那种走马观花、

---

① 杨芳.浅谈思想政治教育实效性的方法论基础.贵州师范大学学报.2007(6)

形式主义的考核、评价使诚信进一步丧失,致使人们哀叹——现在讲实、找实很难。"道德是一种精神,但它不是一般的精神,而是一种特殊的精神,它的特殊性就存在于实践性"。[①]"实"在现实的工作、生活、学习中,"实"在群众的眼中、口中、心中。寻找、确认"实",必须到被评价者的现实中,必须到群众中去。

第四,评价实效需要务实的作风。以"实"检测实效,在现实中寻找、确认"实",就要求评价者必须有务实的作风,即要脚踏实地,深入实际,深入群众,实事求是。否则,难以见实效,评价也就没有了意义。

第二节 人生观教育评价方法

由于人生观教育评价具有导向功能、考核评比功能和调控功能,能够对人生观教育活动产生重要影响,因此,开展人生观教育评价,必须严肃、慎重地进行,遵循一定的原则,综合运用多种方法,按照程序,确保评价结果客观、公正。只有这样,才能实现促进人生观教育有效开展的评价目的。

一、人生观教育评价的基本方法

方法是完成任务的桥或船,没有科学的方法,就无法完成人生观教育评价的任务。因此,弄清人生观教育评价的方法。也是必不可少的。人生观教育评价有如下几种方法。

(一)调查评价的方法

调查评价的方法是通过问卷调查、访问量等综合手段对人生观教育进行评价的方法。这种评价方法注重对评价对象的调查研究,是一种具有调查特色的评价方法。调查评价实施的具体形式和方法有以下几种。

1. 调查法

调查法是指评价组通过向大学生发放问卷,直接测试大学生人生观的观点和立场是否正确,以此作为评价被评价单位开展高校人生观教育情况的重要依据。调查法主要是抽样调查,适用于较大范围评价对象。

2. 实地考察法

实地考察法是一种较为直观、比较注重感受性的评价方法。评价者直

---

① 张琼.道德接受论.北京:中国社会科学出版社,1995,第23页

接深入到高校人生观教育第一线,对高校人生观教育过程和效果的诸要素、诸环节进行实际考察和调查研究,详细了解教育主客体的思想、工作、学习和生活情况,从而获得对评价对象的直观感性认识。实地考察时通常使用的方法有查阅资料法、听取汇报法、访问座谈法等,通过看、听、问等形式从不同侧面了解评价对象,获得关于评价对象的第一手材料和信息。

第一,查阅资料的方法。查阅资料的方法是高校人生观教育评价的常用方法。它是指评价组通过查阅被评价单位的相关资料,掌握其开展高校人生观教育的制度是否完善,人力、财力投入的多少,活动的规划情况及教育效果等,从而对被评价单位开展高校人生观教育情况作出价值判断。

第二,听取汇报法。听取汇报的方法是高校人生观教育评价最基本的方法。它是指由实施高校人生观教育评价的部门(通常是教育主管部门)组建的评价组,通过听取被评价单位(通常是高校)领导作关于开展高校人生观教育工作的汇报,对被评价单位开展高校人生观教育的效果进行评价。实施高校人生观教育的单位领导的汇报,能比较全面地反映出其对高校人生观教育的认识高度、准确度和重视程度,能够迅速了解被评价单位开展高校人生观教育的全貌、特色和存在的主要问题,从而确定评价的重点。

第三,访问座谈法。召开座谈会、访谈的方法。召开座谈会、访谈的方法也是高校人生观教育评价必不可少的方法。它是指评价组通过召开高校人生观教育工作人员座谈会和大学生座谈会,或者对他们进行访谈,掌握高校人生观教育工作人员的素质和能力,了解大学生的思想政治道德情况,从而对被评价单位开展高校人生观教育情况进行评价。

(二)分析和综合的方法

要对人生观教育评价作出科学的判断,必须有科学的思维方法,即辩证思维的方法,其中归纳和演绎、分析和综合起着重要的作用。归纳是从个别事实出发而得出一般结论的科学思维方法;演绎则是从一般原理、原则、结论出发,得出个别结论的科学思维方法。在归纳和演绎过程中,要有分析和综合,所谓分析是在思维中从事物、现象的整体中,分解出构成事物的基础和本质的东西的思维方法;所谓综合就是在思维中把分解成的各个部分、本质、基础方面,再结合成一个整体加以研究的思维方法。

对人生观教育的整体必须进行全面的辩证的分析,才能作出科学的评价。就是说,把人生观教育的整体分解成各个部分,既要分析评价人生观教育的目的、动机、目标设定、内容选择、实施方法,又要分析评价人生观教育的效果、社会作用,教育对象的素质、思想政治道德状况、水平;既要分析人生观教育取得的成绩、经验、有效性方面,又要分析人生观教育出现的缺点、教训、无效性方面；既要分析评价人生观教育的本质方面、主要方面，又要分析它的非本质方面和次要方面；既要从静态中分析评价人生观教育，又要从动态的变化、发展中分析评价人生观教育等等。在分析的基础上，再进行综合，即进行整体性的整合，形成对人生观教育效果、社会作用等更高层次的整体性的认识。

（三）比较的方法

比较是自然科学和社会科学研究常用的思维方法。所谓比较法，是通过彼此有着联系的不同事物或同一事物的不同方面进行对比，以认识它们之间的差异性和共同性，从而得出科学结论的思维方法。

比较的方法也是评价人生观教育的重要方法。就比较对象的数量上看，可分为单项比较和多项比较。就比较的方向上看，可分为横向比较和纵向比较。纵向比较可以打破时间空间的界限，从动态上比较，以同一事物时间先后顺序，对不同阶段过程进行比较。把实施人生观教育作为一个过程，我们把实施人生观教育以后取得的效果、发生的变化，同开展人生观教育以前的状况作一个比较，从而对人生观教育的效果作出评价。就被施加影响的个体来看，也可以把实施人生观教育的前后加以对照比较，从而判断人生观教育是否有效及有效的程度。这是纵向的比较。人生观教育的横向比较更加复杂，这种比较，在单位的选择上必须有可比性，否则无法进行比较。在进行横向和纵向比较之后，再运用分析和综合，对人生观教育的效果和社会作用作出正确的评价。就比较对象的范围宽窄看，可分为宏观比较和微观比较。前者从人生观教育的总体上、全局上进行比较，后者是从局部上或某几方面进行比较。因此，比较的方法也是人生观教育评价的重要方法。

（四）矛盾分析的方法

在唯物辩证法看来，世界上任何事物都是矛盾的统一体。人生观教育的评价也是矛盾的统一体。分析事物的矛盾，就在于具体地分析具体情况，对人生观教育的评价也应该如此。

任何阶级、集团的人生观教育，都是在特定情况下进行的，其目标的设定、内容的选择、方法的运用、取得的效果，所起的社会作用等都是具体的。真实地反映人生观教育的实际情况，必须坚持具体地分析具体情况，而不能用教条方式来分析。

坚持具体情况具体分析，就是要坚持两点论的观察问题，既要看到人生观教育的成绩、优点、经验，也要看到它的缺点、错误、教训；既要看到有利的积极因素，又要看到不利的消极因素；既要看到正面的效果，又要看到负面的效果；既要看到直接的现实效果，又要看到间接的潜在效果；既要看到暂时的效果，又要看到长期的效果等。不仅如此，在坚持两点论分析问题的同时，还要坚持重点论的分析问题，即在分析矛盾两方面时。坚持有主要方面和次要方面的区分，如究竟成绩、优点、经验是主要的，还是错误、缺点、教训是主要的，必须作出正确的评价，决不能把问题弄颠倒了，否则就会犯极大的错误。总之，只要我们能唯物辩证地看问题，就一定能对人生观教育作出正确的评价。

(五)实践检验法

实践检验法是一种以总结经验和调查研究为主的方法。具体说来，有如下几个步骤：

第一，听取工作汇报。在评价的过程中，评价人员首先要听取被评价人员或单位的报告，向被评价人员和单位提出各种问题，评价对象应该根据实事求是的原则进行回答，也可以采取书面报告的方式进行汇报。

第二，实际考察。实际考察是实践检验法的重要环节和基础。评价者在评价的过程中应该深入到学生、深入到基层工作，详细了解学生的思想、工作、生活状况。观察人们的思想政治品德和精神面貌，听取学生的意见，并且对学生进行必要的提问和考察。

第三，抽样调查。选择高校人生观教育的某一个环节或者某一个部门进行详细的调查和剖析，尽可能取得必要的准确的数据。

第四，追踪调查。就是对流动的教育对象进行跟踪式的调查。调查教育对象在不同的人生观教育环境中的思想政治状况。

二、建立人生观教育评价指标体系

我们应当以创造性思维来构建人生观教育评价指标体系。要坚持实事求是，采用科学方法和技术手段进行整体构建，注重实效，力求客观公正，激发学生参与的积极性，做到动态评价与静态评价相结合，定性评价与定量评价相结合，全面评价与重点评价相结合，克服传统的人生观教育评价中普遍存在的评价目的不清、评价主体单一、评价内容抽象、评价手段滞后、评价功能狭窄等毛病，为公正合理的奖惩提供真实可靠的依据。

(一)构建人生观教育评价指标体系的流程

人生观教育是由若干要素构成的一个系统。每个要素又由若干子要素构成。这些要素的有机结合产生了人生观教育的实践活动，进而会产生一定的活动效果。因此,我们可以按照这些要素及其组合而产生的效果来构建人生观教育的评价指标体系。评价指标是对评价对象进行评价的内容和依据,提出的评价指标要概念清楚,表达规范,言简意明,便于操作,评价者和受评者都能理解和把握。在操作流程的设计中应突出应用计算机网络技术手段,利用计算机数据库知识、编程技术、网页制作等知识,研发基础性数据的统计分析软件,实现可录入、存储和查询每次测评的基础性数据,实现评价结果的可度量和可比较。

人生观教育评价指标体系构建大致可按以下流程进行。

1. 提出评价的一级指标

如果是全面评价,则根据人生观教育工作整体目标的要求和受评对象的整体实际,提出全面评价的一级指标系统;如果是单项评价,则根据人生观教育工作的某一个方面、某一阶段、某一环节提出评价的一级指标系统。

2. 确定权重系数

衡量评价指标重要程度的数据叫权重系数。权重系数能区分各指标在评价中的主次差别。权重系数的确定,既要根据人生观教育工作目标的要求,保证重点,又要兼顾一般,还要从实际出发,从已经变化了的情况出发,进行必要的调整。例如,假定在一定时期和一定条件下,对辅导员素质进行评价时,在一级指标中确定道德素质的权重系数为0.2,如果条件发生变化,辅导员普遍对这一素质修养不大重视而成为突出问题时,确定权重系数时,可适当调高其权重系数(如调至0.15)。所以,确定权重系数,增加或降低某项指标的权重系数,关系到人生观教育的价值导向,一定要科学合理。

3. 分解一级指标

分解一级指标是把人生观教育整体目标的要求和受评对象的整体实际进行分解,使之逐步具体化的过程。换言之,这一过程是把一级指标项目逐一分解为二级指标项目,再把各二级指标项目分解为三级指标项目等。经过这样的分解,就会产生一个比较复杂的评价指标层级体系。

经过这样的分解,指标体系内各项目、分项目的内容具有较强的系统性和层次性,项目、分项目之间又保持相对的独立性。

可见,指标体系的结构要素、分类项目和分项目是多重分解、逐步深化的,一直到可满足评价的要求为止。但是指标体系的分解不是无限的,指标体系应本着繁简适度的原则进行分解,如果分解太多、太细,反而会变得难以操作。

4. 进行试评和检验

评价指标体系、权重系数、指标等级确定以后,为了验证是否切实可行,有必要进行试评。试评可在小范围内进行,也可抽样进行。经过试评,如果发现指标体系有问题,难以操作,结果也不符合实际,就应及时对评价方案进行适当调整。

5.设立评价指标等级

指标等级是对受评对象进行评价的衡量尺度,用以检测受评对象对指标要求达到的程度。评价指标等级的设立,可分为奇数制和偶数制两种,奇数制有三级制和五级制,偶数制一般是二级制和四级制。例如,四级制可设为优、良、合格、不合格;五级制可设为优、良、中、合格、不合格。评价时应根据实际情况来确定使用哪一种等级制。另外,每一等级都应规定可操作的标准。标准不可太高太严以免挫伤受评者的积极性,也不可过低而使评价流于形式。

(二)构建人生观教育评价的主要指标

1.教育内容的适切性

所谓教育内容的适切性即教育内容适应、切合教育对象和社会的发展需要与现实状况。

教育内容的适切性是人生观教育评价的首要指标。这是因为,教育内容对教育对象适应、切合,教育对象才有可能积极接受,才有可能便于接受,从而才可能有好的教育成效。否则,教育对象就不感兴趣,不愿接受。现实人生观教育中,不是根据教育对象的需要和情状安排的教育内容比比皆是,这正是人生观教育没有吸引力、成效不佳的主要原因。教育内容适应、切合教育对象的发展需要和现实状况的评价指标,是人生观教育的本质和人生观教育以人为本基本原则的要求。

教育内容的适切性的另一要求,是教育内容对社会发展的需要和现实状况的适应、切合。"人生观教育内容的建构……依据阶级社会对其成员的根本要求、时代条件发展变化的客观要求、人生观教育内容的继承借鉴和结构要求,形成人生观教育内容体系"。① 人生观教育毕竟是以社会的要求来教育人,目的是实现人的社会化,让受教育者成为适应和推进社会持续发展的人。所以,教育内容的适切性不能仅谈适应、切合受教育者。但是,在受教育者和社会两者中,适应、切合受教育者必须摆在第一位。因为,不适应、切合受教育者的教育其效率、效益都不会高,甚至是负效益。如是,无论多么适应、切合社会的教育都将没有了意义。因而,较长时期以来我们以社会

---

① 熊建生.论人生观教育内容构建的依据.中国人民大学书报资料中心·人生观教育,2009(10)

为本位的人生观教育必须进行适度的调整。

把握和运用好教育内容的适切性指标，就要注意以下几点。

(1)熟知教育对象情况

教育内容的适切性，首先指适合教育对象的需要与特点。所以，在评价教育内容适切性时，首先要看的就是这一点。正因为这样，评价者要熟知教育对象。这里的"熟知"包括许多内容，如教育对象的思想品德状况及发展需要、教育对象的知识和阅历、教育对象面临的环境等。真正把握住教育对象的这些情况，将教育对象的这些情况与施教的内容相比照，从而做出"适切"程度或等级的评价，也不是容易的事，需要评价者做深入细致的工作。

(2)了解施教具体环境

具体来说，教育内容的适切性还应包括适应、切合施教的具体环境。所谓施教的具体环境，包括施教单位面临的主要职责(工作或学习任务)、思想政治状况、人生观教育的条件等。不同的施教单位有不同的职责、思想政治状况、人生观教育条件等，这些因素对人生观教育的内容也有影响或决定作用。人生观教育不能脱离具体的施教环境而确定教育内容，恰恰相反，应根据具体的施教环境选择、安排教育内容。否则，教育内容也没有或者适切性不强。因此，运用好教育内容适切性指标，评价者还需要认真了解被评价对象的施教环境。

(3)把握现实社会要求

教育内容的适切性，包括适切现实社会的要求。所以，在评价教育内容的适切性时，评价者要把握现实社会的要求。现实社会对不同的群体有不同的要求，评价者必须清楚现实社会对所评价教育对象的要求，并将这些要求与施教内容相比照，从而做出"适切"程度或等级的评价。在这里，把握好现实社会对不同群体的要求是做出正确评价的关键。现实评价中，并非所有的评价者都清楚现实社会对自己评价的教育对象的要求，所以，评价的针对性、准确性往往存有问题。

(4)倾听教育双方意见

真正掌握好教育内容的适切状况，除了了解、把握上述客观情况外，还需要倾听教育双方的意见。教育者和受教育者是人生观教育活动的主体，教育内容是否具有适切性或适切程度如何，教育主体具有重要的发言权。教育内容适切性高，受教育者就喜欢，就乐意接受，受教育效果就好；否则，受教育者对教育就没有兴趣，不愿接受，教育效果就差。同时，教育者选定教育内容也必有其理由，倾听教育者的意见，了解其理由的适切性，便于评价者做出正确的判断。

2.教育过程的协调性

教育过程的协调性即人生观教育过程中的各因素之间相互配合、协同一致,使人生观教育过程呈现出和谐的状态。

人生观教育过程是非常复杂的,包含许多要素。从教育实施看,包括教育内容、教育方式和方法、教育载体、教育手段、教育环境等;从受教育者思想品德的形成看,包括认知、情感、信念、意志、行为等。把教育实施和受教育者思想品德形成结合起来看,教育过程还可分为内化阶段和外化阶段。

人生观教育要和谐从而获得良好的教育效果,上述各要素之间必须协调,即相互配合、协同一致,这样才能力往一处使,使人生观教育活动产生更大的效能。否则,彼此矛盾、相互掣肘,教育过程中障碍、梗阻、破绽、漏洞不断,一则教育难以顺利进行,二则教育效果将大受影响。"德育自身诸要素的和谐是德育效益最大化的前提"。[①] 所以,评价人生观教育的一个重要指标,就是教育过程的协调性,或者说,教育过程的协调性是人生观教育的突出表现。

把握和评价好人生观教育过程的协调性要注意以下几点。

(1)看各要素之间的协调性

过程的协调性是由过程中各要素间的协调性决定的。所以,把握和评价好人生观教育过程的协调性,首先就看人生观教育过程中各要素之间的协调性。人生观教育过程中的要素众多,看各要素之间的协调性,主要应看到教育内容、教育方法、教育环境与受教育者以及它们之间的协调性。因为,教育内容、教育方法作为教育过程中的介体,教育环境作为教育过程中的客观条件,对受教育者作用、影响最大,它们决定着受教育者接受教育的程度与状态。当然,其他要素之间的协调性也要看到,如教育载体、教育手段与受教育者之间,教育载体、教育手段与教育内容、教育方法、教育环境之间等。

(2)看具体施教过程的协调性

人生观教育过程协调性的一个重要表现是具体施教过程的协调性。因为不论前面谈的要素之间的协调,还是对要素的调节控制,都要落脚于施教过程的协调,或者目的是为了实现施教过程的协调,否则,前两者的协调就变得没有意义了。具体施教过程的协调表现在多个方面,如教育内容的协调性,教育内容与教育方法和教育手段之间的协调性,教育内容、教育方法和教育手段与教育环境的协调性,教育者与受教育者以及受教育者之间活动的协调性,施教活动各环节的协调性,教育活动与教育目标之间的协调

[①]　金雁,杨柳.关于和谐德育的思考.道德与文明,2007(1)

性,等等。把握和评价具体的施教过程的协调性,评价者除了听被评价者的汇报和查验书面材料外,更为重要的是参与被评价者的具体教育活动过程,体验、感受具体教育活动过程。因为"参与"、"体验"、"感受"才是最直接的,才是最有说服力的。

(3)看对各要素的调节控制

教育"是一种自觉的可控影响,它可以对各种环境影响做出选择和调节,可以利用环境中的有利因素,协调各种自觉影响,也可以有意识地抵制环境中的消极影响,甚至能转移环境影响的某些因素,使其纳入教育的正常轨道,从而创设一种良好的教育条件和情境"。[①] 人生观教育过程中的各要素都是变动的,特别是受教育者、教育环境要素变动性更为突出。因之,人生观教育过程的协调性有赖于对人生观教育的要素进行调节、控制,以使各要素之间保持协调。特别是在我国社会转型时期,社会处于急剧变化之中,种种社会现象、价值观念对人们的影响异常强烈,人们多方面的观念也出现了很大的变化,就更需要重视对教育要素的调节、控制。教育者能积极主动地对教育要素实施调节、控制,教育过程的协调性就可能好些,否则,教育过程就很可能矛盾、冲突多发,教育成效低下。对教育要素的调节控制是实现教育过程协调的手段和保障,体现着教育者的协调意识,反映着教育者的协调能力,是从动态角度对教育过程协调性的把握和评价。

3. 教育效果的知行统一性

教育效果的知行统一性即人生观教育从效果上看,既能让受教育者掌握一定的思想政治道德理论规范,又能让受教育者将掌握的思想政治道德理论规范指导转化为行为,实现认知与行为特别是行动的一致性。

人的思想政治道德从本质上讲是个行为特别是行动的问题。因为,人的行为特别是行动才会产生有利于或有损于他人或社会的后果,人们主要是依据行为特别是行动去评判一个人的思想政治道德面貌的。"判断一个人思想品德是否高尚,既要听其言,更要观其行。一个人的行为表现往往综合地反映了其思想品德的面貌……人生观教育总是要求人们表里如一、言行一致,引导人们践行社会要求的思想品德规范。如果只停留在社会要求上,而不注重人们的行为表现,人生观教育就不能真正发挥其育人作用"。所以,在人生观教育上,教育者应注重知行统一,特别注意引导受教育者将已有的思想政治道德认知转化为行为,落实到行动上。

在现实的人生观教育中,往往是仅注意思想政治理论的灌输,对教育效

---

① 教育部社会科学研究与思想政治工作司.人生观教育学原理.北京:高等教育出版社,1999,第106页

果的评价也往往是仅有书面的纸笔测试,以纸笔测试成绩的高低,确认一个人思想政治道德水平的优劣。这样的教育和评价是不妥的,这也是导致人生观教育效果欠佳的重要原因。在人生观教育评价中必须突出知行统一,将知与行的统一性作为人生观教育重要的评价指标。

把握和评价好教育效果的知行统一要注意以下几点。

(1)既注重认识,更注重行为

人的思想品德的形成,以知为基础,以行为归宿,良好的行为是人生观教育的最终目标。所以,把握和评价人生观教育效果,就既要注重受教育者对思想政治道德理论知识的掌握,更注重受教育者的行为特别是行动,把两者统一起来。不可仅看一点,特别是不可仅看认知。否则,就不是人生观教育的评价。

(2)注重被评价者已获取的成绩、荣誉

知行统一,不是虚拟的,而是真实的、可见的客观存在。所以,在把握和评价人生观教育效果知行统一时,要注重被评价者已获取的成绩、荣誉。这些已获取的成绩、荣誉是知行统一的最好见证。

(3)注重被评价者的本职工作状况

人的思想政治品德的高低会从多方面表现出来,但行为是主要的,而在行为中,更为重要的是自己本职工作或者叫做分内之事完成的状况。因为本职工作或者分内之事是自己的本业,是自己与他人、与社会交往的基本职责。将自己的本职工作或分内之事做好了,才承担了自己的基本责任,才尽到了自己与他人、与社会交往的基本义务,才表现出了自己基本的,也是应然的思想道德素养,否则,思想政治道德素养就难以合格。因此,把握和评价人生观教育效果的知行统一性,要注重被评价者的本职工作状况。

(4)注重被评价者的口碑

由于种种原因,有的人的良好的思想道德行为获得了荣誉,而有的人的良好的思想道德行为没能获得荣誉。在现实社会中有的荣誉也并不"荣誉"。但是不容置疑的荣誉是有的,那就是口碑。"金杯、银杯,不如老百姓的口碑"。评价者要深入到群众之中,收集口碑,注重口碑。我们认为,在评价权重中,口碑重于可见的荣誉。

三、建立人生观教育评价模式

评价模式既反映着人生观教育的形态特征,也反作用于特定形态的人生观教育,还给评价提供便于操作的样式。我们认为,人生观教育的评价模式主要有质与量相结合的模式、自评与他评相结合的模式两种。

（一）质与量相结合的评价模式

所谓质与量相结合的评价模式即将定性评价与定量评价相结合的模式。也就是说,在人生观教育评价中,既要对评价对象进行"整体和性质的分析综合,以鉴别和判定人生观教育实践效果性质",也要对评价对象进行"运用数据的形式,通过对评价对象表现出来的一些数量的关系的整理分析,从数量上相对精准地把握人生观教育实践效果状况"的评价模式。

1.质与量相结合评价模式的优势

人生观教育评价主张采用质与量相结合模式的主要理由有以下几点。

（1）事物都是质与量的统一

唯物辩证法认为,事物都包含一定的质,也都有一定的量,是质与量的统一。因此,人生观教育评价,就既看其质,也看其量,这样才符合事物的发展规律,才能使评价客观、准确、和谐。

（2）仅有质的评价难以精确

质的评价是我们传统的评价方式。这种方式"容易过多地依靠经验和印象,导致主观随意性"。即仅有质的评价是难以进行精确的评价的,因之,是不科学、不和谐的。

（3）量的评价必须以质为前提

"数学、统计学和计算机科学的发展,为人生观教育量化评估奠定了基础",量化评估在现实中逐渐被采用。但是,"离开定性的定量评估,毫无疑义……定性是定量的前提和结果"。

（4）质与量结合的评价才准确

质是不同事物相互区别的规定性;量是保持事物性质的规定性。质的评价以便区分优劣,认识其性质;量的评价以便区分优劣的程度,对同性质的对象做出精确的鉴别。可见,质与量结合的评价才准确,才和谐。

2.质与量相结合评价模式的程序

一般来说,质与量相结合评价模式的操作程序如下。

（1）看、听、问——形成初步印象——有了初级的质

对人生观教育对象的评价,不论是对个体的评价抑或群体的评价,一般来说,评价者首先通过看、听、问等活动:看评价对象的面貌、状态;听评价对象汇报;问评价对象的教育安排、效果等。通过这样的看、听、问,评价者对评价对象会形成初步的印象——好,或者比较好,或者不够好,或者比较差,或者很差,以及类似程度的初级质的判断。

（2）查、调、访——深入了解分析——获取足够的量

在有了初级的质的判断后,评价工作进入了重要的阶段——深入了解

分析。一般来说,深入了解分析主要是通过查阅资料、调查、访问的方式进行的。查阅资料即查阅评价对象提供的反映本次评价情况的文本资料;调查即对文本材料、"看、听、问"阶段了解的情况等加以查证、核实;访问即深入受教育者之中,了解、掌握更具体的情况。通过这样的查、调、访,获取足够的量。

(3)依据量研究质——质与量相结合

在有了初级的质,获取了足够的量以后,依据量分析、研究质:起初的质的判断是否妥当;对质做出更为精确的判断。依据量研究的质,即质与量的结合,才是更客观、真实的评价。

3. 质与量相结合评价模式的基本要求

人生观教育运用好质与量相结合评价模式的基本要求有以下几个方面。

(1)进行质的判断要谨慎

起初的质的判断对整个评价起着基础的、导向的作用;最后的质的判断是对评价对象的质的判定。不论前者还是后者在评价中都是至关重要的,因之,在进行质的判断时要谨慎,尽力使判断客观、准确。否则,不仅评价失真,对评价对象可能会造成很大的不利。如若这样,评价就是消极的了。

(2)进行量的分析要充分

在质与量相结合的评价模式中,量也是重要的:它规定着质——或者精确质,或者确定质。所以,进行量的分析时,要脚踏实地,认认真真,要了解足够的量、真实的量,对量的分析、研究要充分、要精细,防止形式主义、走马观花。

(3)质的判断必须以量为基础

在质与量相结合的评价模式中,初级的质的判断,可能没有充分的量的支撑,但是,这时的质的判断,也是以通过"看、听、问"获取的一定的量为基础的,否则,质的判断就是无据的。在获取了足够的量以后进行的质与量相结合的评价时,质的判断不论对一定质的程度的判断抑或不同质的判断,都必须以量为基础,否则,对质的断定就难以客观、准确,就难以服人,因之,就没有评价预期的好结果。

(4)量的分析必须以质为前导

在质与量相结合的评价模式中,虽然量的分析是重要的和必要的,但是,对于量的分析必须以质为前提和指导,即必须看清是什么质上的量。否则,"离开定性评估的定量评估,毫无现实意义"。

（二）自评与他评相结合的评价模式

所谓自评与他评相结合的评价模式即将被评价对象自己评价与其他评价主体的评价结合起来进行的评价模式。具体说就是，被评价的教育者或受教育者（现实评价中，较多的是评价受教育者，因为受教育者的情况，特别是受教育者的表现，是人生观教育效果的直接呈现，即便是对教育者的评价，也主要通过评价受教育者的情况来进行）对自己进行评价，另外的其他评价主体——或者教育者，或者领导，或者专家，或者相关人员对评价对象进行评价，并将两个方面抑或多个方面的评价相结合，得出最终判断的评价模式。

1. 自评与他评相结合评价模式的优势

人生观教育之所以倡导自评与他评相结合的评价模式，主要有以下几方面的理由。

（1）自评与他评相结合评价才客观、准确

评价是为了掌握人生观教育的情况和促进教育活动深入地开展。谁最清楚人生观教育的情况？被评价对象。被评价对象是人生观教育的主体、亲历者，他或他们对教育的过程及其效果心知肚明。所以，被评价对象要自评。但是，现在有些人不那么坦诚、谦逊了，不仅如此，喜欢自夸或者夸大其词，甚至弄虚作假者也不鲜见了；还有"不识庐山真面目，只缘身在此山中"的制约；再加上，人们看自己时往往看到的优点多，缺点少，而看他人则相反。因此，不能仅有自评，还需要有他评。他评可以保证评价的客观性。这样，自评与他评相结合，评价才会客观、准确。

（2）自评与他评相结合评价才和谐

虽然被评价对象最清楚人生观教育的情况，但是，较长时期以来，在现实的评价中，被评价对象难以参与评价，盛行的仅有他评。这往往导致评价仅关注了那些显性的东西，甚至形式，对教育过程、受教育者思想认识的提高、心理的变化等难以顾及到，而这些却是人生观教育中的重要方面。正因为这样，对于评价给出的判断，被评价对象往往有意见，甚至影响了人生观教育的持续进行。所以，坚持自评与他评相结合的评价模式，评价才会和谐。

（3）自评与他评相结合的评价有利于激发、调动被评价对象的积极性

正因为被评价对象最清楚人生观教育的情况，而既往的人生观教育评价没有或者很少让被评价对象参加，致使评价难以准确并且难以为被评价对象积极接受。所以，运用自评与他评相结合的评价模式，让被评价对象参与到评价过程中去，有利于激发、调动被评价对象的积极性，使他（们）易于

接受评价结果,更使他(们)积极地投入到持续的人生观教育过程中去。

(4)自评与他评相结合是对既往人生观教育评价的改革和创新

上面已经谈到,应该让被评价对象参与评价。特别在当代社会,我们倡导以人为本,人们的自主意识、民主意识、参与意识普遍增强,仅有他评,把被评价对象看作机械的客体,这样的评价是很难让被评价对象接受的。所以,人生观教育提出自评与他评相结合的评价模式,以改革既往的、不合理的评价模式。

2.自评与他评相结合评价模式的基本程序

自评与他评相结合评价模式的基本程序如下。

(1)被评价对象自评

不论是对教育者的评价,还是对受教育者的评价;不论是对个体的评价,还是群体的评价。被评价对象自评,即让被评价对象对自己的人生观教育工作(对教育者而言)或接受人生观教育的过程与效果(对受教育者而言)做出评价。被评价对象的自评,可以采用定性评价——一般是定等级;也可以运用一定的量的表达——定分数。不管运用哪种方式,都必须有依据,即对判断的足够的支撑,以防止自评的虚假。

(2)其他评价主体评

其他评价主体的个数难以确定,有可能就是一个主体;有可能是多个主体,如教育者(对被教育者的评价)、受教育者(对教育者的评价)、领导者、专家学者、人生观教育的职能部门、知情者(或同事,或同学,或家长,或朋友,或与被评价对象有较多交往者,等等)。参与评价的其他主体越多,评价的结果就越客观、准确。其他主体的评价,一般是定性与定量相结合的评价。参与评价的主体务必带着对被评价对象、对社会负责任的态度,认认真真地进行评价,不可草率从事,搞形式主义,弄虚作假。

(3)自评与他评相结合

在自评与他评的基础上,将自评与他评相结合,即将两个评价结果进行整合。所谓整合即不是将两个结果简单相加或按一定的权重计算出最后的结果,而是要认真地对比、分析、研究各评价的客观、合理之处,对各评价结果进行"去粗取精,去伪存真",然后由各评价主体的代表协商出最终的评价结果。

3.自评与他评相结合评价模式的基本要求

采用自评与他评相结合评价模式的基本要求如下。

(1)动员被评价对象如实自评

较长时期以来,在人生观教育评价中,自评未被重视,或者未被采用,原因是多方面的,如教育观念问题——没有把评价对象当作主体以及社会理念问题——缺乏以人为本理念等。但是,更为主要的原因可能还是不相信被评价对象。前面曾说到,现实社会条件下,弄虚作假者有之,自评很可能有一定的"水分"。因此,在采用自评与他评相结合的评价模式时,评价领导者、组织者要对评价对象加以动员、引导、指导,让他们有求实的态度和作风,要告知他(们)除了自评还有他评,虚假迟早会暴露,弄虚作假者最终要吃亏。

(2)其他主体评价要客观、公正

评价中的客观、公正非常重要,否则,就违背了评价的初衷——总结经验教训,推进人生观教育持续、深入开展。其他评价主体的客观、公正,首先取决于态度的客观、公正,其次取决于工作的认真、扎实,特别是那些平时与被评价对象接触较少、了解较少的评价主体,要保证评价的客观、公正,必须深入到被评价对象的日常教育、工作、生活中做细致的观察、了解、调研、核实。否则,难以保证评价的客观、公正。

(3)各评价主体独立进行评价

为保证各主体评价的真实、准确,在采用自评与他评相结合的评价模式时,各评价主体要独立进行评价,自主地表达自己的意见,否则,就等于没有了多个评价主体,还是一个主体主宰评价。特别是对于自评,要确实保证被评价对象不被控制、操纵、愚弄,成为某个人或某些人的保质傀儡。

(4)对评价结果的整合要科学

由于种种原因,比如:对评价对象的了解程度;评价者先入为主的成见和评价中的态度;评价者的水平;评价中工作的认真程度等,各评价主体的判断肯定是有差别的。对于各个主体的评价如何赋以权重、整合?这是个复杂的问题,需要认真研究。一般来说,谁更知情,谁更懂得评价,谁获取的证据更有力,在赋以权重时谁的意见就更为重要些。在整合中,要充分发扬民主,各评价主体平等地表达自己的意见、阐述自己的理由,通过民主协商得出最终的评价结果。

参考文献

[1]房广顺.当代大学生人生观教育研究.沈阳:辽宁人民出版社,2011.

[2]张孝宜.人生观通论.北京:高等教育出版社,2001.

[3]黄希庭,徐凤姝.大学生心理学.上海:上海人民出版社,1988.

[4]刘川生.大学生思想政治教育时效性研究.北京:北京师范大学出版社,2009.

[5]杨业华.当代中国大学生核心价值观研究.北京:人民出版社,2011.

[6]袁志香,罗蕾,闫军秀.新时期高效思想政治理论课教学研究.长春:吉林大学出版社,2012.

[7]刘献君.大学德育教育.武汉:华中科技大学出版社,1996.

[8]封希德.大学生日常思想政治教育时效性研究.成都:西南财经大学出版社,2010.

[9]华杰.新时期大学生心理健康教育研究.成都:西南师范大学出版社,2002.

[10]冯敏英.学校道德教育与心理健康教育相互作用的研究.南昌:江西师范大学出版社,2007.

[11]石中英,王卫东.价值观教育.北京:教育科学出版社,2007.

[12]张志安,肖芳,刘惠芳.和谐思想政治教育研究.济南:山东人民出版社,2011.

[13]单春晓.高校思想政治教育工作新视野.北京:人民出版社,2011.

[14]刘新庚.现代思想政治教育方法论.北京:人民出版社,2006.

[15]教育部思想政治工作司组.思想政治教育原理与方法.北京:高等教育出版社,2010.

[16]白冰河,杨增谋,邵冬梅.思想道德修养.上海:同济大学出版社,2005.

[17]徐大真,徐光兴.我国心理健康服务体系模式建构.中国教育学刊,2007,(4):5~9.

[18]羊展文.当代大学生人生观现状分析.梧州学院学报,2006,(4):78~81.

[19]陈政绍.大学生要树立正确的人生观.南方论刊,2012,(1):67~69.

[20]姚本先,何元庆.大学生人生观研究.心理科学,2008,(1):97~99.

[21]朱光明,蓝维.思想政治学教育学.北京:首都师范大学出版社,2000.

[22]崔波.当代大学生人生观、价值观调查研究.河南工程学院学报,2009,(3):28～31.

[23]荆钰婷.大学生人生观、国家观现状调查与分析.黑龙江高教研究,2009,(8):84～87.

[24]金瑾如,丁春平,高峰,方亚琴.新中国不同时期大学生人生观、国家观状况调查与分析.现代教育管理,2010,(2):75～78.

[25]朱秋飞.不同时期大学生人生观的实证研究.中国青年研究,2010,(8):45～47.

[26]张传龄.马克思主义世界观是当代大学生正确人生观的基础.思想教育研究,2007,(5):106～109.

[27]覃晓茜.以社会主义核心价值体系引导大学生树立科学的世界观、人生观、道德观.法制与社会,2008,(8):42～46.

[28]张久献.新时期大学生人生观教育之我见.大众文艺,2009,(12):75～79.

[29]李清华.人生观教育:大学生思想政治教育的起点与归宿.山东省青年管理干部学院学报,2008,(4):35～37.

[30]黄东桂,刘玲.论大学生正确世界观、人生观和价值观的培养.广西大学学报,2006,(3):56～58.